ALEX, LE CŒUR À L'ENVERS

L'auteur

Kathryn Lamb mène une vie tranquille à Gillingham, dans le Dorset, avec son mari Adrian, leurs six enfants et leurs deux hamsters. C'est avec leur aide à tous (sauf celle des hamsters peut-être) qu'elle a réussi à écrire ce livre. Elle a déjà publié une trentaine d'ouvrages au Royaume-Uni, en tant qu'illustratrice et en tant qu'auteur.

KATHRYN LAMB

ALEX, LE COEUR À L'ENVERS

SES 15 ANS,
SON JOURNAL INTIME,
SES RÊVES, ET...
SES CAUCHEMARS

Traduit de l'anglais par Sophie Dieuaide

Illustrations de Kathryn Lamb

POCKET
jeunesse

Titre original :
More of Everything According to Alex

Publié pour la première fois en 2000,
par Piccadilly Press Ltd, Londres.

Loi n° 49-956 du 16 juillet 1949 sur les publications
destinées à la jeunesse : février 2005.

ISBN 2-266-12009-3

Pour ma famille

Mardi 15 août

Je m'ennuie. Rien à faire à part griffonner dans ce journal... Alors j'ai bien le temps d'écrire quelques lignes sur les gens qui comptent dans ma vie. Qui, d'ailleurs, il faut le remarquer, ne font absolument RIEN pour que je m'ennuie moins ! (Personne ne veut s'occuper de moi... Mpfff...)

Mes amis

JENNY (ET SA FABULEUSE NOUVELLE COIFFURE)

Jenny : meilleure amie.

Âge : 15 ans.

J'adore être avec elle (sauf quand elle boude !). On partage tout ! Nos pensées les plus secrètes et nos vêtements les moins discrets, même si on n'a pas la même taille (comprenez qu'elle a une silhouette d'enfer et... moi... moins). On a aussi les mêmes goûts pour les GARÇONS, ce qui pose parfois des PROBLÈMES (le partage a des limites...). Jenny est fille unique et son petit ami s'appelle James.

Lisa : meilleure amie numéro 2.

Âge : 15 ans, 11 mois et 29 jours.

On allait bientôt fêter son anniversaire ! Mais Lisa l'a reporté en septembre car elle est partie en famille passer des vacances exotiques dans les Caraïbes... La chance !!! Elle nous fait beaucoup rire, même si on trouve qu'elle pousse parfois la blague TROP LOIN. (Je ne pensais pas avoir l'air SI comique en pantalon pattes d'ef vert bouteille...) Lisa est sortie pendant deux semaines avec un certain Zak, mais ils ont rompu dès qu'elle lui a dit que ses pieds sentaient le gorgonzola pourri. (Trop d'honnêteté, ça peut détruire une relation...)

Rosita (plus connue sous le nom de Rosie) : sorte d'amie.

Âge : 16.

Très sportive et bâtie comme un gladiateur. Un peu fatigante. Son copain Edward semble avoir une bonne influence sur elle, il la calme un peu (elle me défie de moins en moins au bras de fer), mais il n'a rien fait pour modérer sa passion du SPORT.

Clara (surnommée La Palourde : elle ne parle pas beaucoup) : amie tranquille (sauf quand elle pouffe...).

Âge : 15 (plus près de 12).

A encore tendance à glousser sans pouvoir se contrôler pendant les cours de biologie (et aussi en géographie, personne ne comprend pourquoi). Elle sort depuis quelques semaines avec Simon, et ça nous a drôlement étonnés parce qu'elle ne se maquille jamais et qu'elle a des parents superprotecteurs (ils sont du genre à l'envoyer au lit à 9 heures avec un lait chaud !). Résultat : ses gloussements ne font qu'EMPIRER ! Clara travaille très DUR et garde sa chambre propre, bien rangée... On s'inquiète beaucoup pour elle.

Mark (le prénom qui me fait fondre... !)

Âge : 16 (plus vieux que moi et c'est vraiment génial !

Quand j'aurai 16 ans, il en aura presque 17 !!!).

Mon petit ami… Je devrais peut-être dire juste un AMI ? Parfois je me dis que c'est seulement ce qu'il est… un ami ! La vie est superembrouillée, je trouve. Allez ! Mark est génial, point final ! Pour le moment…

Ma famille

Papa

Prénom : Hank (la honte !).

Âge : 146 1/2.

Papa est calé avec ses ordinateurs mais nullissime avec ses filles ados.

Maman

Prénom : Pétunia Rose (l'horreur !).

Âge : 32 (ce n'est pas vrai, mais elle me donnera plus d'argent de poche si je lui dis qu'elle a l'air beaucoup plus jeune qu'elle n'est…).

Maman est toujours là quand j'ai besoin d'elle (et même quand je n'ai rien demandé). A tendance à piquer des colères quand ma chambre n'est pas rangée. Elle (et Papa aussi) devrait essayer de se détendre davantage (et de sortir plus souvent en me laissant la maison pour MOI !).

Frères et sœurs

Beaucoup trop nombreux (ce qui diminue mes chances d'avoir la maison pour moi).

Grosse Chochotte

Âge : 19.

Sœur qui répond aussi au nom de Daisy ! En attendant que ses cours commencent (elle veut devenir institutrice), elle travaille dans une jardinerie près de chez nous. Elle a un chéri, Danny. Il est bibliothécaire et très bizarre, mais plutôt sympa (il ressemble à une girafe et ne peut pas s'empêcher de renifler quand il rigole...). J'admire vraiment ma sœur. Je lui dis toujours qu'elle est belle, car ce qui est gros est beau (mais elle n'aime pas trop le « gros »). On s'entend bien (surtout quand j'évite de piquer ses parfums, son rouge à lèvres, ses chaussures, etc.).

Mes pires cauchemars (appelés aussi : frères)

Tom Doll

Âge : 13.
Signe particulier : boutonneux.

Sébastian Doll

Âge : 11.
Signe particulier : morveux.

Ces deux-là (le boutonneux et le morveux) partagent la même chambre. Ils ont épinglé sur leur porte un panneau qui annonce : ZONE RÉSERVÉE AUX GARÇONS. Quelle blague ! Le jour où je verrai des hordes de filles hurlantes se précipiter dans leur chambre en suppliant pour avoir leurs autographes… je mangerai mon chapeau ! (Mais pas celui en feutre que j'aime bien ; l'autre, le noir que j'oserai peut-être un jour porter en public… Pour le moment, je ne le mets que dans la salle de bains, porte verrouillée. Je suis bizarre, je l'admets. Mais vivre avec trois petits frères, c'est suffisant pour envoyer n'importe quelle fille à l'asile, non ?)

Henry Doll

Âge : 8.

Signe particulier : casse-pieds.

Quand j'invite des amis, mes trois frères trouvent tordant de faire irruption dans ma chambre en faisant des grimaces de débiles (mais peut-être que ce sont leurs têtes normales...).

À TOUTES petites doses, et pris un par un, mes frères sont parfois supportables, voire gentils (qu'est-ce que je dis, moi ?!!!!!). Un jour, Tom m'a même prêté une cassette SANS rien demander en échange ! Waouh !

La plus petite de tous mes frères et sœurs

Clémentine

Âge : presque 4 ans. (La fête d'anniversaire est déjà programmée. Ce qui signifie que Vous-Savez-Qui sera réquisitionnée pour emballer les cadeaux, organiser le goûter, escorter les invités gavés de chips et de bonbecs aux toilettes... Ô JOIE !)

Mes amis disent que Clémentine est ADORABLE (ce sont les mêmes d'ailleurs, les naïfs, qui pensent que j'ai de la CHANCE d'avoir autant de frères et sœurs...). Mais Clémentine est mignonne, je le reconnais (évidemment, puisqu'elle est de MA famille...).

Ça serait quand même un peu triste de parler ici de mes rats blancs et de mon chat comme des « personnes » qui comptent dans ma vie. Alors, je ne les mentionnerai pas.

Mercredi 16 août

Je suis AMOUUUREUSE !!! J'ai déjà dit que Mark était super ? Eh bien, il est mieux que ça ! En fait, c'est LE PLUS GÉNIAL DE TOUS ! Il était là quand un garçon dont on ferait mieux de taire le nom (Kévin) m'a mis le cœur en compote. Je ne l'avais jamais vraiment remarqué, même si mes amis me disaient déjà qu'il était fou de moi ! Et maintenant que Kévin n'est plus qu'un mauvais souvenir, je suis très heureuse de dire que nos sentiments sont réciproques (oui, je suis aussi amoureuse de Mark). On sort ensemble depuis un MOIS, un mois ENTIER !!! On promène chaque jour Dogbert, le chien de ses voisins. Parfois trois ou quatre fois dans la journée ! Dogbert fait tellement d'exercice que ses pattes sont en train de raccourcir ! Maman me demande assez souvent d'emmener avec nous sa petite Clémentine chérie. Ce n'est pas vraiment gênant, car Mark la trouve trop MIGNONNE et Dogbert l'aime bien aussi. Mais je me demande parfois si Mark m'invitera un jour à faire autre chose que promener le chien ! Ai essayé de faire quelques allusions bien lourdes au sujet de films que j'adorerais voir, etc. Sans succès pour le moment. Je vais attendre qu'il se décide, peu importe le temps que cela prendra.

SES PATTES RACCOURCISSENT (TROP DE PROMENADES !)

Jeudi 17 août

« Alex, j'ai une belle surprise pour toi ! » m'a dit Papa. (Quoi ? Qu'est-ce que c'est ? Une augmentation d'argent de poche ? Un équipement hi-fi dernier cri dans ma chambre ? Un déménagement de la famille dans une maison voisine, lui et Maman compris, afin que j'aie toute la place pour étaler mes affaires et faire des fêtes avec mes amis ? Non ? Noooooon...) Non, la vérité QUI TUE, c'est qu'il a réservé un séjour en famille (aaaargh !!!) au « Joyeux Camp des Joyeuses Vacances En Famille » dans un endroit paumé de Galles du Nord ! (Mais qu'est-ce qui lui a pris ? La crise de la quarantaine, peut-être ? J'ai entendu Maman raconter à une amie qu'il avait déjà eu un accès de folie durant les quinze dernières années – ma vie entière !) J'ai envisagé de téléphoner à Jenny ou à un psychologue pour demander de l'aide ou un conseil, mais ça me gêne. Pourquoi Papa n'a pas choisi le sud de la France au lieu de ce camp de vacances dans une région aussi sinistre ? J'ai fait une énième tentative désespérée pour le faire changer d'avis, un ultime appel à son bon sens (s'il lui en restait) :

« Euh, c'est génial, Papa ! » lui ai-je dit avec

un beau sourire forcé. (Le pauvre, il avait l'air si content de son projet que je ne voulais pas être trop vache avec lui.) « Mais si nous allions plutôt en France, ça serait formidable pour travailler mon français... Non, mon petit Papa ? »

Vendredi 18 août

Papa n'a pas cessé de s'extasier sur la chance qu'il a. Vous pensez, avoir réussi à réserver aussi tard dans la saison ! J'ai essayé de lui expliquer que c'est normal, parce que personne ne veut aller là-bas. En vain.

J'étais dans ma chambre en train de faire mes bagages pour partir au Joyeux Camp des Joyeuses Vacances En Famille. Maman m'a appelée du rez-de-chaussée : « Mark est iciiii, chériiiiie ! » Elle prend toujours une voix bébête et vibrante de petite fille quand elle m'annonce que Mark est à la porte (la honte !).

Mark a semblé déconcerté en voyant ma valise pleine à craquer (des vêtements chauds, des tenues sombres et bien sinistres qui conviendront parfaitement à l'endroit où on va).

« Vous partez combien de temps ?
— Une semaine.
— Oh… Tu… euh… tu vas me manquer. »

Il a essayé de m'embrasser, mais j'avais trop de choses à lui dire, alors j'ai esquivé et j'ai continué : « Je sais. C'est horrible. Mais je pourrai peut-être téléphoner. Et je t'écrirai. Remarque, je ne sais même pas si la poste fonctionne, dans un endroit pareil ! Tu n'auras qu'à envoyer tes lettres au Joyeux Camp des Joyeuses Vacances En Famille, Galles du Nord, et prier pour que ça arrive. Le lieu exact a un nom imprononçable, je ne vais même pas essayer de te l'épeler ! »

En voyant l'air triste de Mark, j'ai tenté de le consoler : « Hé ! On restera en contact d'une manière ou d'une autre ! D'accord ? Tu sais, je déteste dire au revoir et, là, tu rends ça vraiment difficile !

— Ah bon ?
— Oui. Allez, ne dis plus un mot. Tu ferais mieux de partir maintenant… Et promets-moi que tu ne m'oublieras pas !

— Je te le promets. Alors, aujourd'hui, tu ne viendras pas promener le chien ?

— Maaaark… S'il te plaîîît… N'en rajoute pas ! »

À contrecœur, il est parti. Je me suis jetée sur mon lit et j'ai beaucoup pleuré : ça me faisait mal, qu'on soit séparés. Comment mes parents peuvent-ils m'emmener, alors que notre histoire est si belle et si forte ? En plus, je suis super en colère. Grosse Chochotte ne vient pas avec nous sous prétexte qu'elle a plus de dix-huit ans ! C'est l'excuse la plus lamentable que j'aie jamais entendue ! Et dire que mes parents la laissent s'en tirer comme ça !

Samedi 19 août

Le voyage vers les Galles du Nord s'est très mal passé. Clémentine a vomi trois fois et, moi, j'étais archicoincée entre mes frères. Pendant tout le trajet, notre voiture a gémi sous le poids des tonnes de bagages : ballons de plage, raquettes de tennis, clubs de golf et un équipement complet de Papa pour chasser les papillons de nuit. J'ai l'horrible pressentiment que la capture de quelques bestioles nocturnes sera l'activité la plus excitante de nos soirées…

Le Joyeux Camp est exactement comme je l'imaginais, et même pire. Avec un hurlement de joie, genre bête sauvage, Papa a sorti ses clubs de golf et s'est précipité sur le parcours délabré pendant que le reste de la famille s'installait dans notre chalet. C'est exactement comme à la maison, mais en plus étroit.

PAPA EN MODE VACANCES

Dimanche 20 août

Papa a attrapé deux papillons, la nuit dernière. En ce moment, Maman est en train de refaire la lessive à la main, car la machine à laver des Joyeuses Vacances En Famille a débordé hier soir. Elle est temporairement hors service. Et, pas de chance non plus, la Joyeuse Cabine Téléphonique à Cartes a été vandalisée juste avant notre arrivée. Un homme la réparait quand je suis passée, je devrais bientôt pouvoir appeler Mark (parents trop mesquins pour m'offrir un portable). Mes frères sont partis jouer les terreurs à la piscine et, moi, je suis bonne pour emmener Clémentine rebondir dans le château gonflable de l'aire de jeux… pour la septième fois depuis notre arrivée. Le temps est frais et couvert, mais il ne pleut pas. Pour le moment.

Lundi 21 août

Il a plu des cordes toute la nuit et l'ampoule de la lampe spéciale pour attirer les papillons de nuit a explosé dans un grand bang qui nous a réveillés en sursaut. Plusieurs employés du camp ont rappliqué au pas de course, en hurlant : ils croyaient que quelqu'un s'était fait tirer dessus…

10 heures du matin. Toujours la pluie, toujours enfermés dans notre chalet. Papa a proposé une balade, alors on s'est de nouveau entassés dans la voiture et on est partis. La crème solaire et la lotion anti-moustiques que Maman a achetées en bidons géants modèle familial ne vont pas nous servir à grand-chose. J'aurais préféré qu'elle investisse dans la lotion anti-moutons, il y en a PARTOUT ! Il n'y a même que ça. Autrement, pas de changement : en voiture, Clémentine vomit toujours.

13 h 30. Retour au camp. La cabine téléphonique est encore en réparation, sans amélioration notable. On est tous allés déjeuner

CLÉMENTINE VOMIT TOUJOURS...

à la Joyeuse Cafétéria des Joyeuses Vacances En Famille. La nourriture, l'odeur, tout rappelait la cantine du lycée. Le seul petit rayon de soleil, c'était la présence d'un garçon *vraiiiment* craquant (probablement plus vieux que moi), un employé du camp qui nettoyait les tables. Quand il est venu débarrasser la nôtre, j'ai essayé de ne pas avoir l'air d'appartenir à cette famille, mais d'être assise là par hasard avec eux. (J'aurais bien aimé ne pas avoir choisi cette stupide boîte « Menu Enfant » décorée de charmants petits animaux de la jungle, il a dû croire que j'avais douze ans.)

« Alex... T'as eu quoi comme cadeau dans ta tienne de boîte, toi ? m'a demandé Clémentine. Oh ! T'as eu le cherpent ! Moi, j'ai eu le nénéphant... Pff... J'aime pas les nénéphants ! Dis, tu me le donnes, ton cherpent ?

— La ferme !

— Alex ! Ce n'est pas gentil ! Pauvre petite Clémentine... »

Mardi 22 août

Maintenant, ce sont deux réparateurs qui s'acharnent sur la cabine hors service et se grattent la tête. Le temps s'est éclairci et Papa est retourné faire un autre parcours de golf sur le terrain défoncé. Pour l'instant, tout le monde le bat et il commence à stresser. Il s'en prend tantôt à ses clubs, tantôt au tracé du parcours.

J'ai envoyé ma troisième carte postale à Mark (une vue panoramique de la magnifique baie de Llandaff dont personne ici ne sait nous indiquer le chemin. Impossible de la trouver sur la carte). Il n'y aura pas d'autre levée de courrier avant jeudi (il n'est pas précisé d'ailleurs de quel jeudi il s'agit… peut-être le jeudi 17 décembre 2020 ?) donc je ne sais pas quand Mark recevra mes cartes, s'il les reçoit un jour. Au cas où, je lui ai quand même dit qu'il me manque. J'ai écrit un « PS : Tu me manques ! » et un « PPS : Tu me manques énormément ! » Je pense qu'il devrait pouvoir capter le message… En fait, je me sens coupable d'être attirée par quelqu'un d'autre.

Mercredi 23 août

Je passe beaucoup de temps à la Joyeuse Cafétéria. J'ai fait durer un Coca et un Joyeux Sandwich le plus longtemps possible pour contempler (sans que ça devienne trop louche) le sublime garçon qui nettoie les tables. Coup de bol, il y a un grand miroir sur l'un des murs, j'ai donc pu vérifier régulièrement ma coiffure et mon maquillage (sans que ça devienne trop louche non plus). Je suis en train de dépenser en chips et en gâteaux tout mon budget téléphone (ce n'est pas que j'aie faim, mais plus il y a de miettes sur ma table, plus il y a de chances pour qu'IL vienne les enlever !).

Ma famille est arrivée pour déjeuner avec l'intention de s'asseoir près de moi. Je me suis donc levée et je me suis dirigée vers une autre table, en expliquant que je voulais les voir bien installés, avec davantage de place pour leurs jambes. Ils ont eu l'air légèrement déconcertés, mais n'ont pas discuté avec moi. J'ai choisi une table particulièrement sale. IL s'est approché avec un plateau et IL a commencé à nettoyer MA table. Je me suis sentie rougir. Mes frères se poussaient du coude, ricanaient et nous montraient du doigt. (Ils devinent toujours tout, ça m'énerve !) Mes parents, à qui il arrive d'être sensés, leur ont demandé de bien se tenir ou d'oublier tout de suite leur maxiportion de frites. Ça a été suffisant pour les faire taire.

IL NETTOIE MA TABLE !!!

« Comment tu t'appelles ? (Oh, mon Dieu ! IL ME parle !!!)

— Euh... euh... c'est... (Gloups ! J'ai oublié !!!) Attends une minute... Ça va me revenir... Alex ! Oui, c'est ça, Alex ! Et toi ?

— Jack.

— Salut, Jack.

— Salut, Alex. Bon, je suis un peu occupé pour le moment, mais demain, j'ai ma matinée libre. Si tu veux, je te ferai faire le tour du camp ?

— Waouh ! Euh… je veux dire oui, ça serait génial… euh… je veux dire… ça serait sympa. Bien. O.K. Super…

— Je te retrouve ici vers 10 heures ?

— 10 heures. »

Jeudi 24 août

Papa a été exclu du terrain de golf pour avoir perdu son sang-froid. C'est au trou numéro 9 qu'il a craqué. Après l'avoir raté dix fois de suite, il s'est mis à massacrer le gazon à grands coups de club. Des joueurs l'ont dénoncé. Papa n'a plus le droit de mettre un pied sur le terrain.

Ça m'embête pour lui. D'abord son matériel foutu pour les papillons de nuit, maintenant ça. Il refuse pourtant de baisser les bras et il a décidé qu'aujourd'hui il la trouverait, la baie de Llandaff, dite baie des Canards. À ce qu'il paraît, c'est le refuge des canards Llandaff, une espèce rare. Papa voulait tous nous traîner avec lui, mais je lui ai dit qu'ils auraient plus de place sans moi dans la voiture. Il n'avait pas l'air d'accord, heureusement

Maman l'a pris par le bras en secouant la tête. Résultat : je suis autorisée à rester seule à la base !

CANARD DE LA BAIE DES CANARDS

Papa voulait partir de bonne heure et j'ai fait tout ce que j'ai pu pour qu'il y arrive ! Je l'ai aidé à charger toute la famille et son attirail de plage dans la voiture, je leur ai fait plein de signes d'adieu en les regardant s'éloigner vers la baie des Canards (ils comptaient tous sur le sens de l'orientation de Maman, autant dire que leur journée était fichue d'avance !).

J'étais enfin en mode Joyeuses Vacances ! Je me suis changée rapidement. J'ai enlevé mes vêtements aux couleurs ternes (ceux que je portais depuis mon arrivée au camp pour bien montrer à ma famille que je suis une fille sérieuse et tranquille), et j'ai enfilé mon petit haut blanc brillant à bretelles toutes fines et une microscopique jupe noire fendue sur le côté (un peu OSÉ, non ?). J'ai commencé à frissonner, alors j'ai opté pour une jupe plus longue. Il me restait trois minutes pour me maquiller et me coiffer !

Je suis entrée dans la Joyeuse Cafétéria, hors

UN PEU HAUT LE HAUT, NON ? (ET QUE DIRE DU BAS ?)

d'haleine et excitée comme une puce. (Je ne suis pas habituée à me sentir comme ça à 10 heures du matin !) J'avais envie de me débarrasser de mon trop-plein d'énergie en allant sauter un moment dans le château gonflable, mais ça risquait de ne pas plaire à Jack. Est-ce qu'il allait enfin se montrer, lui ? Je l'ai cherché partout en vain… Désespoir !!! Et soudain, quelqu'un m'a tapé sur l'épaule. J'ai fait un bond en l'air, exactement comme si j'étais déjà dans le château !

« Excuse-moi… Je ne voulais pas te faire sursauter. On va faire un tour ? »

Je l'ai trouvé différent et puis j'ai réalisé qu'il ne portait plus son petit tablier rouge de travail. Il était encore mieux sans !

On s'est découvert plein de points communs : une famille encombrante (il a *huit* frères et sœurs !!!) et un goût peu prononcé pour l'école… Il travaille au camp pendant l'été, mais il doit retourner au lycée à la rentrée. Ses parents veulent qu'il fasse des études, il en passera ENCORE, DES EXAMENS ! On s'est beaucoup plaints mutuellement. Tous les deux, nous savons ce que c'est, la pression parentale et la difficulté de se débarrasser des hordes envahissantes de frères et sœurs.

Je lui ai montré notre chalet. Puis il m'a emmenée derrière et m'a embrassée avant que j'aie eu le temps de comprendre ce qui m'arrivait. Ses bras autour de moi, il avait l'air parti pour un long, long baiser... Mais non ! c'était trop soudain ! J'avais besoin de temps pour réfléchir, moi. Je me suis écartée brusquement.

« Oh... je pensais que tu voulais que je t'embrasse...

— Euh... oui. Mais... On... on pourrait en reparler plus tard ? On... on se reverra plus tard ? »

Jack a haussé les épaules et il s'est éloigné.

« On se voit plus tard, O.K.? m'a-t-il crié par-dessus son épaule.

— Je te donnerai mon adresse ! lui ai-je crié en retour. On s'écrira ! »

Vendredi 25 août

Quelle débile je suis !!! Un garçon top craquant, mignon à tomber raide morte veut m'embrasser, et qu'est-ce que je fais ? JE LE REPOUSSE !!! J'essaie de me consoler en repensant à l'odeur qui flottait autour de lui... un curieux mélange de senteurs : frites et hamburgers... *TU-PUES.COM* (le parfum du troisième millénaire !). Mark sent nettement meilleur que ça...

Je me sens coupable et je sais que Mark serait terriblement blessé s'il l'apprenait.

Aujourd'hui, trois hommes essaient de réparer la cabine. Quand je suis passée devant, deux d'entre eux se disputaient pendant que le troisième tapait sur le téléphone avec une grosse clé à molette. J'aimerais tellement pouvoir appeler Mark. Lui dire un petit coucou, entendre simplement sa voix...

Papa est d'une humeur insupportable.

Ils n'ont pas trouvé la baie des Canards. Ils sont rentrés tard la nuit dernière, après une journée presque entière dans la voiture. Ils ont tourné en rond, un peu comme le canard Llandaff, connu pour se déplacer en cercles. Papa dit que c'est la faute de Maman et Maman dit que c'est la faute de Papa, mais ils disent tous les deux que c'est la faute de l'homme qui leur a indiqué le chemin. Cet homme-là leur a aussi raconté que son beau-frère avait élevé des canards Llandaff à la farine d'algues, et qu'ils étaient tous morts. Et deux fois au milieu de la nuit, Clémentine s'est réveillée en pleurant pour les canards décédés.

Je veux rentrer à la maison.

MORT D'UN CANARD DE LA BAIE

Samedi 26 août

La cabine téléphonique est réparée ! Pas de chance, je n'ai plus de quoi m'acheter une carte. J'ai dépensé le peu qui me restait en achetant un petit canard en porcelaine à Clémentine (je suis MERVEILLEUSE comme sœur) et mes parents sont de trop mauvaise humeur et trop occupés à leurs bagages pour que je demande une rallonge.

Depuis mon rendez-vous avec Jack, je n'ai pas osé remettre les pieds à la Joyeuse Cafétéria. J'ai voulu quand même le voir une dernière fois avant qu'on parte. J'avais préparé ce que j'allais lui dire : « Je t'apprécie vraiment, Jack, mais entre nous, ça n'aurait jamais pu marcher. Tu sais, il y a quelqu'un dans ma vie… »

Je suis entrée, j'ai vu Jack à une table où une fille était installée, une fille qui portait une jupe tellement courte qu'on aurait dit une ceinture ! Jack ne m'a pas remarquée, je suis passée tout près et je l'ai entendu proposer à la fille : « Si tu veux… je peux te faire faire le tour du camp… »

QUEL RAT !!!

Je lui ai tourné le dos (dans tous les sens du

terme) et je me suis commandé une double portion de frites et un bon gros cheeseburger. Ça remonte le moral, de se goinfrer !

Pendant tout le voyage de retour, je me suis sentie mal. Alors, Clémentine et moi, on a fini par vomir…

Ce n'était pas à cause de la nourriture grassouillette de la cafétéria ! C'était à cause de Jack ! Comment pouvait-il se comporter comme ça ? En portant mon cerveau à ébullition, j'ai fini par imaginer plusieurs raisons possibles :

1. En fait, il est très timide et il doit s'arracher pour trouver le courage de parler aux filles. Cette fille en jupe-ceinture ne l'intéressait pas, il se lançait seulement un genre de défi…
2. C'est un garçon si gentil qu'il ne peut s'empêcher d'être charmant...
3. Il a été tellement démoralisé que je le repousse qu'il s'est jeté sur la première qui passait. Si je lui avais parlé, si je lui avais dit que je l'appréciais beaucoup, il l'aurait laissée tomber et il m'aurait

présenté des excuses, peut-être même à genoux pour mieux me prouver son amour immortel…

4. Après réflexion, je pense que c'est sans aucun doute… un RAT.

Et pendant tout le voyage, j'ai gardé les yeux fermés en essayant de ne pas y penser.

Une fois à la maison, j'ai lancé à mon père :

« Oh, merci, Papa ! C'était super comme vacances ! »

Mais il n'a pas eu l'air de me croire.

Dimanche 27 août

Je me sentais trop mal à l'aise et trop fatiguée pour voir ou même parler à l'un de mes amis. Mais Mark est arrivé. Je savais bien que, tôt ou tard, je devrais l'affronter et faire le point sur mes sentiments. S'ils étaient si forts que ça, est-ce que je serais tombée aussi facilement dans les bras d'un autre ? (Eh oui, je pense encore à Jack même si ce n'est qu'un RAT.)

« Salut, Alex ! C'est super de te voir ! Tu viens promener le chien ?

— Tu ne m'as pas écrit. Pas une seule fois. Moi, je t'ai envoyé…

— Je sais… Merci pour tes cartes postales. Je voulais te répondre, mais je ne me souvenais pas de l'adresse.

— Mais oui, c'est ça !

— Mais-oui-c'est-ça ? Qu'est-ce que c'est censé vouloir dire ?

— Ça veut dire : mais oui, c'est ça ! Je suppose que tu m'as oubliée ?

— Pas du tout !

— Il y a quelqu'un d'autre, avoue !

— Non ! Alex, personne d'autre ! Qu'est-ce qui te prend ? T'es vraiment bizarre ! »

Ce n'était pas faux. J'essayais de lui mettre sur le dos la tonne de culpabilité que je traînais sur le mien.

Et j'étais injuste.

« Écoute, Mark… je suis désolée. C'est rien, je ne me sens pas très bien. Je te téléphonerai plus tard, si ça te va. »

Aussitôt Mark reparti, j'ai appelé Jenny pour lui demander conseil. On dit qu'après la confession on a l'âme plus légère… alors je lui ai TOUT raconté. (J'étais en plein dans la description de mon baiser passionné avec Jack quand Papa est passé près de moi, alors j'ai dit bien fort à Jenny: « Et le paysage était magnifique ! »)

« Hein ? Pendant ce temps, tu regardais le paysage ? m'a demandé mon amie, très surprise.

— Ça va, Jenny… Papa est parti. Oh… qu'est-ce que je dois faire ? Je me sens tellement mal.

— Eh bien… si tu ne dis rien à Mark, il ne le saura jamais ! »

J'ai saisi tout de suite la logique imparable du conseil et je me suis sentie mieux.

« D'un autre côté, a continué Jenny, si tu ne lui dis pas ce que tu as fait, tu l'auras toujours sur la conscience et chaque fois que Mark t'embrassera, tu te souviendras que tu l'as trahi, et que tu as trahi ton amour, et que…

— Oui, oui, ça va ! Merci ! Donc, toi, tu penses que je devrais lui dire ?

— C'est un problème entre toi et ta conscience… mais je pense que, oui, tu devrais lui dire. »

Elle m'a convaincue. Je *dois* le dire à Mark. Je *dois* être honnête avec lui, même s'il me déteste ensuite. Mais j'espère vraiment que ça ne sera pas le cas. Il m'admirera peut-être pour mon honnêteté ?

Et j'ai décidé de m'endormir là-dessus.

Lundi 28 août

Je me suis réveillée en sachant que j'avais RAISON de vouloir être FRANCHE. Dans un élan d'honnêteté, je suis allée tout droit chez Mark et j'ai demandé à sa mère de nous laisser seuls un moment car j'avais quelque chose d'important à dire à son fils. Un peu déconcertée, elle a battu en retraite dans la cuisine.

Mark n'avait pas l'air complètement réveillé. Face à la télé, en short et T-shirt, il avalait un énorme bol de Crousty, les céréales qui croustillent comme dit la pub, et ses cheveux étaient ébouriffés (trop craquant!!!). Je me suis sentie un peu déstabilisée, je commençais à perdre de vue pourquoi j'étais là. Et puis… je me suis souvenue.

« Mark, je dois te dire quelque chose d'important... Quand j'étais en Galles du Nord, j'ai embrassé un garçon qui s'appelait Jack... derrière notre chalet...

— Derrière quoi ?

— Notre chalet. Nous habitions dans un chalet. Mais ce qui compte, c'est que j'ai embrassé un garçon.

— Qui s'appelait Jack ?

— Oui.

— Pourquoi ?

— Je ne sais pas POURQUOI ! Je suis DÉSOLÉE, D'ACCORD ?

— T'en as pas l'air. »

Mark a soupiré et il a reposé son bol de céréales, il semblait avoir perdu d'un coup son appétit. J'ai eu l'impression très nette qu'il n'allait pas m'admirer pour mon honnêteté...

« Bon. Est-ce que tu vas le revoir ?

— Je pense que non.

— Mais tu aimerais ?

— Je... euh... non. Non ! C'est un rat...

— Tu as embrassé un rat... Tu n'as pas du tout pensé à moi ?

— Si, j'ai pensé à toi ! Tout le temps !

— Sauf quand tu embrassais Jack !

— Je t'ai dit que j'étais désolée. On ne peut pas oublier ça ? »

Mark a pris sa tête dans ses mains, comme s'il pleurait. Mais qu'est-ce que j'avais encore fait ?

Soudain, il a bondi de son fauteuil et a marmonné des trucs. Ça parlait d'aller en ville faire des courses pour le lycée. « Bon, on se voit plus tard, O.K. ? » m'a-t-il lancé sans vraiment me regarder.

Et j'ai commencé à mieux comprendre le film : il me plaquait, point. J'avais blessé son « ego de mâle ». (J'ai entendu Maman en parler à propos de Papa, de sa chevelure qui s'éclaircit et de sa taille qui s'épaissit.)

La mère de Mark a passé la tête par la porte de la cuisine et elle m'a demandé : « Est-ce que je peux sortir, maintenant ? » Avec la même voix bébête de Maman quand elle parle devant Mark !

Lundi 4 septembre

Une semaine entière s'est écoulée et je n'ai presque pas vu Mark. Quand je suis passée à côté de lui l'autre jour (samedi, je pense), il

CE CHIEN EST MALHEUREUX...

a pris un air très dégagé (le genre moi-je-garde-mes-distances, pas le genre cool). On n'a pas promené le chien du tout, et la dernière fois que j'ai vu Dogbert, il avait l'air aussi MALHEUREUX que Mark. Je suis *presque* impatiente de retourner demain au lycée Sainte-Barbe. J'ai vraiment envie de revoir mes amis.

Mardi 5 septembre

Au milieu de la matinée, j'en avais déjà MARRE d'écouter Lisa délirer sur ses merveilleuses vacances (exotiques) aux Caraïbes et sur son fabuleux petit copain… des Caraïbes aussi. Il s'appelle Franck et il lui a demandé de l'épouser un soir sur la plage où ses parents organisaient une fête pour son seizième anniversaire. Pour lui prouver son amour, il lui a offert une merveilleuse bague de fiançailles (exotique). Elle nous a dit qu'ils prévoient de longues, longues fiançailles, mais qu'ils s'envoient des fax et des e-mails chaque jour en attendant.

LISA NOUS A PARLÉ DE FRANCK (ET AUSSI DE FRANCK... ET ENCORE DE FRANCK...)

« Alors… et tes vacances, Alex? C'était comment? m'a demandé Lisa.

— Euh… super. On est allés en Galles du Nord. De beaux paysages, beaucoup de moutons. J'ai rencontré quelqu'un qui s'appelle Jack.

— Waouh! Raconte! Allez! Est-ce que Mark est au courant?

— Euh… oui. Il ne le prend pas très bien.

— Tu as bien fait de lui dire, Alex!

— Oui, Jenny, je sais, merci.

— Je t'en prie.

— Alors, parle-nous de Jack!

— Euh… »

Heureusement la sonnerie a annoncé le

cours suivant et j'ai échappé au récit de ce qui s'était passé derrière le chalet. Si cela arrive aux oreilles de Mark, j'ai peur que ça ne fasse encore plus de dégâts. Je ne veux pas faire de peine à Mark. Je l'aime vraiment beaucoup ! Pourtant, il m'évite. Quand je l'ai croisé ce matin, il a regardé ailleurs. Il avait un air affreusement piteux. On aurait dit qu'il voulait que je me sente mal.

James et Gary ont continué de m'enquiquiner avec leurs questions : « Qu'est-ce que tu as fait à Mark, Alex ? », « Tu l'as blessé ? », « Tu ne veux pas l'embrasser ? », « Est-ce que Jack embrasse mieux que lui ? C'est ça ? Trop dur pour lui ! » Ils ricanaient exactement comme mes frères. Je leur ai dit de se taire, Jenny aussi (mais je la soupçonne quand même d'avoir tout raconté à James, ça expliquerait les ragots et les rumeurs qui circulent déjà). J'étais rouge écarlate des oreilles aux orteils quand je suis arrivée en arts plastiques.

Les arts plastiques, c'est ma matière forte. Je la prendrai en option au bac. Mark aussi, pas parce qu'il est doué (faut reconnaître qu'il ne l'est pas), mais on a voulu prendre les mêmes matières pour être le plus possible ensemble. Mark a dû négocier pour être autorisé à prendre arts plastiques. La prof a même sèchement essayé de l'en dissuader (elle ne supportait plus ses horribles barbouillages). Elle a fini par partir du lycée. On pense que c'est lié à l'acharnement de Mark.

La nouvelle prof s'appelle Mlle Tortiz. Une Américaine, jeune et TRÈS jolie. Elle dégage une sorte d'énergie créative, si vous voyez ce que je veux dire. Les garçons du cours sont hypnotisés et j'en suspecte d'autres, qui n'avaient jusque-là manifesté aucun intérêt pour les arts plastiques, d'en faire des tonnes pour être autorisés à prendre cette option.

MLLE TORTIZ

Mercredi 6 septembre

Les garçons de la classe étaient maussades et distraits jusqu'à ce que la sonnerie annonce le cours suivant : arts plastiques. Soudain, ça a été la ruée sauvage ! Ils se sont précipités dans la salle. Puis, sages comme des images, ils ont attendu l'arrivée de leur déesse. Nous, les filles, on est entrées au compte-gouttes en prenant un air excédé pour bien leur montrer qu'on trouvait leur comportement complètement débile.

On a frôlé l'accident quand six garçons se sont jetés en même temps sur la porte pour l'ouvrir à Mlle Tortiz.

« S'il vous plaît, les garçons ! Doucement ! Vous devez vous détendre pour libérer votre créativité ! Bon, tous ensemble, inspirez prooofondément… Sooouﬄez… »

On les entendait expirer. J'ai demandé à Mlle Tortiz si je pouvais ouvrir la fenêtre car j'avais besoin d'air frais. On aurait dit que tous les garçons venaient de découvrir Tu-pues.com, l'odeur était suffocante. Ils avaient dû en remplir leur baignoire et plonger dedans pour impressionner la Tortiz qui se tortille (comme

Jenny, Lisa et moi l'avons surnommée. Oui, nous sommes des filles bourrées d'humour).

Mlle Tortiz nous a annoncé qu'elle décernerait à la fin du trimestre un prix spécial à l'élève ayant produit régulièrement le meilleur travail. Ça se passera le jour de la cérémonie de remise des prix aux classes de première. C'est une manifestation que le lycée a décidé d'instaurer pour améliorer nos résultats au bac. Mlle Tortiz nous a précisé que le prix consisterait en bons d'achat à utiliser dans un magasin de disques voisin et qu'il y aurait ce jour-là un présentateur mystère « célèbre ». Un murmure d'excitation a parcouru la salle. Qui cela pouvait-il bien être ? Les garçons ont pensé à Julia Snoberts, la célèbre actrice. (Mais sur quelle planète ils vivent, ceux-là ? Est-ce qu'ils croient vraiment qu'une star de Hollywood viendrait au lycée Sainte-Barbe ?) Les filles, plus réalistes, espéraient voir arriver l'adorable Dermot O'Flaherty, le chanteur vedette de Dreamz, le groupe au succès planétaire. (Ça pouvait être aussi son plus jeune frère, Matty O'Flaherty. Ou, si on avait *vraiment* de la chance, le top craquant Ronan O'Hoolabal, joueur de foot ET chanteur !)

Jeudi 7 septembre

Clara m'a suivie quand je suis arrivée au lycée ce matin. Elle me regardait d'un air bizarre, c'était évident : elle voulait me demander quelque chose.

« Qu'est-ce qu'IL Y A, Clara ?

— Euh, j'espère que tu ne vas pas m'en vouloir de te demander ça, Alex, mais c'est vrai, ce que j'ai entendu ? Il paraît que dans un mois tu pars t'installer en Galles du Nord élever des moutons avec un certain Jack ? Il paraît que tu l'as embrassé pendant plus d'une demi-heure sans respirer au milieu d'un champ où il y avait un taureau. C'est vrai que ton Jack a lutté à mains nues contre le taureau et qu'il t'a sauvé la vie ? On dit que Mark a pleuré pendant une heure quand tu lui as dit que tu ne l'aimais plus et qu'il a menacé de détruire Jack et que…

— NOOOOOON !!! »

Tout le monde dans le hall du lycée s'est retourné pour me fixer et ils ont commencé à chuchoter. JE NE POUVAIS PAS EN SUPPORTER DAVANTAGE ! Fallait que je sorte de là !

Heureusement, Lisa avait apporté ses photos de vacances, ça a fait diversion. Ils nous ont oubliés pendant un moment, moi, Mark et Jack le Rat. Il y avait bien cent cinquante-quatre photos et toutes, sans exception, du petit ami exotique des Caraïbes, le merveilleux Franck. (J'étais un peu déçue par son prénom. Franck, c'est bien, mais ça n'a rien d'exotique.)

« Et vous avez vu celle-là ? C'est Franck quand il est sorti trop vite de la piscine et qu'il en a perdu son maillot ! »

La photo a aussitôt attiré une foule dense de filles très, très intéressées et Clara a recommencé à glousser bêtement.

J'ai poussé un gros soupir et je me suis éloignée. Jenny m'a rejointe.

« Ça devient ennuyeux, hein ? a-t-elle grogné.

— Oui. Lisa a changé.

— Je trouve aussi. Elle n'est pas aussi marrante qu'avant.

— Non, tout devient ennuyeux...

— Oui, ça risque de se passer comme ça, cette année. On a trop de boulot !

— Comment ça va entre James et toi ?

— Bien, je crois. Mais il est un peu ennuyeux aussi...

— Comme Mark.

— Tu t'es réconciliée avec lui ?

— Non, il me fait encore la tête.

— Les garçons sont VRAIMENT pénibles, dans ces cas-là.

— M'en parle pas... »

ROB (MMMH... SOUPIR)

Il y a un nouveau dans notre classe, il s'appelle Rob. Il a un look amusant, des cheveux courts et verts (oui, verts !) et des yeux splendides avec de longs cils. Il nous a fait un petit sourire en passant, d'un air tranquille.

Jenny et moi, on a fondu sur nos tables.

« Il n'est pas ennuyeux, lui...

— Non ! Qu'est-ce qu'il est cool... »

Vendredi 8 septembre

Lisa a distribué à tous ses amis des invitations pour sa fête d'anniversaire. Ça aura lieu chez elle et il y aura tout ce qu'il faut pour une ambiance discothèque. Ses parent s'en iront à minuit et certaines filles pourront rester dormir. Rosita, qui est en pleine période d'entraînement intensif (elle veut obtenir une bourse d'études par le ministère des Sports), a demandé à Lisa si elle pouvait prendre avec elle ses haltères et son vélo d'appartement. Lisa a eu l'air un peu surprise, mais elle a répondu qu'il n'y avait pas de problème. Elle nous a aussi annoncé que Franck avait promis d'envoyer un fax à un moment précis de la soirée, elle devrait nous rassembler autour du fax quand il arrivera.

« Peut-être qu'il t'enverra une photo de son derrière ! » a crié Gary (un garçon que je trouve plutôt marrant. Lisa moins).

Clara a aussitôt été secouée de gloussements incontrôlables, j'avais une grosse envie de l'étrangler.

Au cours suivant, on avait français et une autre nouvelle prof. Elle s'appelle Mme Joyeux,

mais ça ne lui va pas du tout. Elle est peut-être parfois plus gaie (avec son mari, par exemple) mais la vue de nos visages vifs, ouverts, débordants d'enthousiasme pour l'année à venir… n'a pas semblé lui réchauffer le cœur. Elle n'est pas aussi jolie que Mlle Tortiz et (d'après la rumeur) elle est enceinte. Ce teint verdâtre, cet air triste, ça peut aussi avoir un rapport avec l'odeur suffocante du Tu-pues.com. Les garçons continuent manifestement de se laver avec.

« Est-ce que tout va bien, mademoiselle ? lui a demandé Freddy, un garçon assez gentil.

— C'est une madame, espèce de crétin ! a sifflé Gary. Elle est enceinte, alors c'est madame !

— Pas forcément ! » a lancé quelqu'un.

C'en était trop pour Mme Joyeux qui a dû subitement quitter la salle. On a entendu ses haut-le-cœur dans le couloir. Elle est revenue avec son écharpe autour de la bouche et du nez. C'était un peu difficile d'entendre la leçon, mais au moins ça lui a évité de vomir jusqu'à la fin de l'heure.

Lundi 11 septembre

On dirait que la coupure du week-end a fait du bien à Mme Joyeux. Elle a abandonné l'écharpe mais a insisté pour que toutes les fenêtres restent grandes ouvertes. Elle nous a dit qu'elle créait un concours de poésie, il s'appellera le prix Joyeux de poésie, et le lauréat recevra un trophée, un chèque-livre, et aura même l'honneur de voir son œuvre publiée dans le journal du lycée. Ça nous a fait à tous l'effet d'une punition collective, sauf à Clara. Clara s'intéresse passionnément à la poésie depuis que son petit ami lui a écrit un poème d'amour. Ses parents l'ont rapidement confisqué car il ne contenait pas, paraît-il, un nombre correct de pieds (en tout cas, c'est la raison qu'ils ont donnée).

Un gros coup de vent a envoyé voler les papiers de Mme Joyeux partout dans la salle et on a passé le reste du cours à les retrouver, à les ramasser, à les remettre dans l'ordre… J'adore l'école (attention : IRONIE !).

Mardi 12 septembre

De retour en arts plastiques. L'air était saturé de Tu-pues.com et d'hormones d'adolescents, de phéromones pour être précise. Mlle Tortiz a déplié un grand poster d'une sculpture de deux personnes entrelacées dans une étreinte passionnée, puis elle nous l'a montré.

« Je veux que vous regardiez ceci ! a-t-elle dit. (Aucune objection dans les rangs : les garçons étaient déjà pétrifiés.) C'est une œuvre célèbre du grand sculpteur Auguste Rodin. On l'appelle *Le Baiser.* (Et ça méritait son nom ! Les deux personnages de la sculpture s'embrassaient avec un art certain…)

« J'ai choisi cette œuvre comme point de départ de votre premier travail. Je ne vous demande pas de la copier mais je voudrais qu'à la maison vous me dessiniez votre interprétation du *Baiser.* Je vous laisse une semaine pour le faire. Vous pouvez vous inspirer de votre expérience personnelle, si vous le souhaitez. »

Sa dernière remarque a provoqué une salve de rires nerveux venant du fond de la salle. (Heureusement que Clara n'a pas choisi arts plastiques, on aurait dû encore supporter ses ricanements.)

J'ai repensé à Jack m'embrassant derrière le chalet. Mais j'ai décidé d'oublier ça, de *ne pas le dessiner*.

J'ai remarqué que Mark me fixait, la rancune se lisait sur son visage. Son application à être profondément malheureux commençait à me porter sur les nerfs. Puis je me suis sentie coupable de réagir comme ça. Je ne voulais pas qu'il continue à avoir de la peine, alors je lui ai fait un petit geste amical de la main. Il m'a renvoyé une grimace. (Je ne sais pas exactement ce qu'elle était censée me dire ; en tout cas, elle le faisait ressembler un peu à un canard, peut-être même à un Llandaff.)

À la fin du cours, Rob m'a adressé un demi-sourire et je dois reconnaître que mon cœur en a raté un battement. Un certain nombre de mes phéromones à moi sont parties gambader dans toute la pièce. (C'est tellement pénible de voir Mark dans cet état-là que j'ai décidé d'arrêter de me sentir coupable. Je ne vais pas non plus me gâcher la vie parce qu'il est incapable d'en finir avec sa jalousie malsaine.)

Mercredi 13 septembre

Clara s'est inscrite au club de bibliothèque, au club de handball, au club de français, au club de théâtre, au club de poésie et à celui des débats, au club de tricot (si, si ! Il existe !) et au club du mercredi. (On ne sait pas ce qui s'y passe sauf qu'il a lieu le mercredi.)

Mes amies et moi, on pense que c'est complètement délirant de participer à tous ces clubs. D'ailleurs on était en train de se moquer de Clara quand, d'un seul coup, on est restées muettes. Clara passait devant nous en grande conversation avec *le* plus SUBLIME des garçons !

CLARA EST PASSÉE DEVANT NOUS AVEC LE PLUS SUBLIME DES GARÇONS...

« Qui c'était ? lui a-t-on demandé pendant le déjeuner. (On se retrouve toujours à la cantine pour échanger des ragots, parler magazines, etc.)

— Ben ! a-t-elle répondu. Il vient de rentrer en première. On s'est rencontrés au club de français et il m'a invitée à sortir avec lui.

— Mais… et… et Simon ? (Il s'agit du petit copain de Clara.)

— Simon et moi, c'est terminé. Je lui ai dit que c'était fini. Il a été bouleversé, mais Ben et moi, on a plein de points communs et c'est drôlement sympa d'aller ensemble au club de français. D'ailleurs, Rob, le nouveau, y va aussi. »

On est restées plantées à se demander comment Clara se débrouillait pour avoir une vie amoureuse aussi passionnante. (Sans aucune jalousie. Absolument aucune. Bien sûr que non !)

Un peu plus tard dans la journée, j'ai failli percuter Jenny en arrivant dans le bureau où on s'inscrit au club de français.

« Oh… tu viens t'inscrire aussi ?

— Euh… oui… Je pensais que ça pourrait m'aider... Pour l'examen de français, je veux dire...

— Moi aussi ! Pour l'examen de français ! Mon cas est presque désespéré…

— Non, Alex ! C'est toi qui es désespérée ! Comme moi. Reconnais-le…

— O.K., je l'admets. Mais toi, t'as déjà un petit copain, non?

— Ouiii... Je sais... mais je me vois pas coincée avec James pour le restant de mes jours ! »

(J'imaginais Jenny et James, âgés d'une trentaine ou peut-être même d'une quarantaine d'années, boitillant au coucher du soleil. Une vision cauchemardesque.)

« Je pense que James et moi, on a seulement besoin de se donner un peu d'air, a continué Jenny. Je le lui ai dit, d'ailleurs.

— Et qu'a-t-il répondu?

— Rien. Il a changé de table et il m'a regardée, je ne sais pas combien de temps, fixement.

— Les garçons, quelle galère !

— Sûr. »

Samedi 16 septembre

Mes week-ends sont tellement rasoirs en ce moment que j'en suis réduite à faire mes devoirs. Ils me collent tous la pression pour que je TRAVAILLE DUR : mes profs, mes parents, même Grosse Chochotte (sadique de nature). Je commence à tourner zombie : TRAVAILLE... TRAVAILLE ENCORE... Au moins, il n'y a plus qu'une semaine à attendre pour la fête de Lisa, ça devrait me changer les idées, surtout si elle ne nous transforme pas ça en cérémonie à la gloire de son cher Franck... (Je nous vois déjà assis en silence à la lueur des bougies devant la photo de CELUI qui est si loin, là-bas...)

J'ai vidé mon carton à dessin sur la table de la salle à manger. Je ne me sentais pas inspirée. Et puis l'image de Rob m'a traversé l'esprit et, soudain, j'ai eu comme une bouffée créatrice. Je me suis mise à dessiner deux personnes dans une étreinte carrément passionnée. C'était limite. J'ai vite vérifié qu'aucun membre de la famille ne traînait dans les parages et j'ai donné quelques bons coups de gomme (je ne vous dirai pas où, ce journal pourrait tomber entre les mains de votre petit frère ou de votre petite sœur). C'était pire après ! On aurait dit que j'avais essayé de dissimuler quelque chose de *vraiment pas* regardable.

J'étais encore moins à l'aise ensuite quand j'ai compris que je n'étais plus toute seule dans la salle à manger. On regardait par-dessus mon épaule. (J'ai horreur de ça !!!)

« C'est très joli, ma chérie ! s'est exclamée Maman pour montrer qu'elle est ouverte d'esprit, même si ça sonnait faux.

— Ils ne devraient pas vous encourager à produire des choses de ce genre… a bougonné Papa. Je vais envoyer un mot au lycée ! (Mon père a écrit tellement de lettres depuis le début de ma scolarité qu'ils doivent avoir un classeur entier rien que pour ranger sa correspondance.)

— Les nez sont complètement ratés ! a ajouté Grosse Chochotte, toujours aimable. (Les nez, c'est toujours un problème, même quand on embrasse en vrai.)

— Où est le problème ? a demandé Danny, le petit ami de Grosse Chochotte. Picasso a dessiné des nez plus que bizarres et il s'en est assez bien sorti !

— Oh ! Des grandes personnes qui s'embrassent ! a dit Clémentine. Beurk ! »

TOUTE LA FAMILLE REGARDE PAR-DESSUS MON ÉPAULE (J'AI HORREUR DE ÇA !)

C'était un assez bon résumé. Excédée, j'ai fait une grosse boule de mon dessin et je l'ai balancé dans un coin, à l'autre bout de la pièce.

« Je pense que nous devrions laisser Alex maintenant… » a suggéré Maman avec calme, et la famille a intelligemment opéré une retraite stratégique, même si Papa, sur sa lancée, râlait toujours après ces repères qu'on a perdus et ces profs qui sont loin de nous donner l'exemple…

Quelques minutes plus tard, mes frères ont fait irruption, ils ont récupéré le dessin en boule et décampé aussitôt en ricanant comme des hyènes. Déprimant ! Je suis cernée par les Philistins, comme dit ma prof, des gens incapables de reconnaître de l'art pur !

Dimanche 17 septembre

De retour à la table de la salle à manger. Cette fois, j'ai décidé de la jouer sans risque : j'ai dessiné deux personnes (habillées) qui s'embrassent (les nez sont *encore* ratés) en se tenant la main (oh là là !). Pas une seule partie de leur corps ne se touche.

DIMANCHE 17 SEPTEMBRE

MON DESSIN « LE BAISER » (C'EST PAS UN COUPLE DE RÊVE ÇA ? DOMMAGE POUR LES NEZ...)

Jenny est passée chez moi me demander de l'aide pour son dessin. Elle s'est représentée avec James en plein baiser. (Eux aussi étaient habillés, mais ils tenaient sur une jambe, levant l'autre derrière eux. Ça donnait une pose vraiment instable et comme tout dans le dessin était de travers, on aurait dit qu'ils n'allaient pas tarder à tomber.)

« Je n'arrive pas à faire les nez, m'a dit Jenny.

— Les nez sont bien, lui ai-je répondu, c'est pour les jambes que je suis moins sûre… Non, non, t'as réussi à bien rendre le nez de James… Gros, proéminent…

— Mais il n'a PAS un gros nez ! Il a un nez adorable !

— Oui, c'est très bien. T'es douée ! »

Jenny a froncé les sourcils et m'a balancé un

regard mauvais. Je n'avais pas envie qu'elle me fasse la tête, je *déteste* quand elle boude !

« Tu n'as pas tort quand même... a-t-elle repris. Il *a* un gros nez. C'est gênant, d'ailleurs... »

Et la dispute s'est arrêtée avant d'avoir vraiment commencé. On a abandonné le devoir d'arts plastiques pour monter dans ma chambre écouter de la musique et discuter plus en détail du nez de James. J'ai lu mon horoscope (Gémeaux) dans *YES ! magazine*. D'après Mlle Mystique, la planète Mercure étant alignée avec Mars dans la septième maison de Vénus, il est plus que probable que je rencontrerai un grand, ténébreux et bel étranger. (Je ne peux m'empêcher d'espérer que le bel étranger a les cheveux verts...)

Lundi 18 septembre

En rentrant du lycée, j'ai croisé la propriétaire du chien qu'on sortait souvent avec Mark. Elle l'avait en laisse. Le chien a pris beaucoup de poids et il a l'air déprimé.

« Vos promenades manquent vraiment à Dogbert ! m'a-t-elle dit. Moi, j'ai des soucis avec mes jambes, je ne peux pas le sortir autant que je le devrais… J'aimerais tellement que vous et le jeune Mark acceptiez de le promener à nouveau, en échange d'une petite récompense, bien sûr. Il appréciait tant ses sorties avec vous… »

Elle a regardé Dogbert et a secoué la tête d'un air triste. Dogbert m'a fixée avec ses yeux malheureux, où je pouvais lire aussi un peu de rancune, il me rappelait beaucoup la façon dont Mark m'a regardée ces derniers temps.

« Ne vous inquiétez pas ! ai-je répondu à la maîtresse de Dogbert. Je m'en charge. Mark est probablement trop occupé en ce moment mais, moi, je peux. Si vous voulez qu'il fasse beaucoup d'exercice, je peux aussi vous mettre en relation avec une fille de mon lycée qui s'appelle Rosita. Elle l'emmènerait courir. (J'imaginais d'ici Rosita installant Dogbert sur son vélo d'appartement…)

DOGBERT EN PLEIN EFFORT !

Dogbert et moi, on a commencé la balade. On tournait au coin de la rue quand on a failli entrer en collision avec Mark qui arrivait dans l'autre sens. Dogbert était tout content de le voir, il sautait en l'air pour lui lécher le visage. Moi, je n'avais pas la moindre envie d'en faire autant !

Mark non plus n'a pas semblé très heureux de me voir.

« Ah ! Je vois que tu emmènes le chien en balade… m'a-t-il lancé d'un ton accusateur comme si j'étais en train de commettre un crime gravissime. SANS MOI…

— Il a besoin d'exercice.

— Bien sûr… C'est pour ça que tu le promènes… sans moi. »

Je n'y croyais pas ! Je l'entendais mais JE N'Y CROYAIS PAS !!! Mark était jaloux d'UN CHIEN ! Sa jalousie maladive était donc sans limite ?!?

« T'es pathétique ! l'ai-je interrompu. Allez, viens, Dogbert ! On est partis ! »

Mardi 19 septembre

Je me sentais mal d'avoir rembarré Mark, mais Jenny m'a dit que j'avais raison d'être en colère.

« Il est temps qu'il grandisse et apprenne à contrôler un peu ses sentiments ! a-t-elle ajouté. Tu mérites quand même quelqu'un de plus mûr !

M. Chubb, le prof de chimie, nous a saluées

juste à ce moment-là, en nous doublant dans un couloir.

— Bonjour, mesdemoiselles !

— Tu veux dire… mûr comme M. Chubb ? ai-je demandé à Jenny aussitôt ma voix hors de portée de certaines oreilles.

— Mais non, espèce d'idiote ! Je disais plus mûr, pas vieux. C'est différent. De toute façon, M. Chubb est marié. »

Je me suis arrêtée un instant pour imaginer M. Chubb heureux comme un roi avec sa Mme Chubb et tous ses petits Chubb. C'était presque aussi amusant qu'imaginer Dogbert sur un vélo.

« Tu penses que Rob est assez mûr ? ai-je continué.

— Comment est-ce que je le saurais ? Tu as flashé sur lui, hein ?

— Ce n'est pas une question que poserait quelqu'un de mûr…

— Non, mais c'est vrai, n'est-ce pas ? Tu ES amoureuse de lui ! Et si j'étais amoureuse de lui, moi aussi ? »

Heureusement on a entendu la sonnerie, c'était l'heure d'aller en arts plastiques. Tout le monde avait amené son dessin du *Baiser*. (Gary qui avait attendu le dernier moment pour se mettre à son devoir avait même persuadé deux amis de lui servir de modèle au lycée, un garçon et une fille qu'il n'a pas eu beaucoup de difficultés à convaincre de poser pour lui dans un baiser passionné. Résultat des courses : gros ennuis pour « attitude inconvenante dans l'enceinte de l'établissement » et trois heures de colle… pour chacun !)

Mlle Tortiz a apprécié mon travail. (Gary m'a chuchoté de sa voix sifflante : « C'est JACK ? » Je lui ai balancé un regard qui aurait pu tuer n'importe qui à trente pas, sauf Gary, qui est blindé.)

« Mais je ne suis pas convaincue par les nez… » a ajouté Mlle Tortiz (merci bien) et elle m'a dessiné deux nez magnifiques, précisant les plus petits détails, traçant quelques poils dans chaque narine, suggérant presque une crotte de nez…

Mlle Tortiz n'était pas enthousiasmée par le travail de Mark (d'ailleurs, personne ne l'était). Il avait dessiné une seule personne (enfin, je pense que c'était une personne. Cela pouvait aussi être un arbre).

« Où est l'autre personnage, Mark ?

— Ils se sont séparés.

— Ah…

— Je voulais que ça soit triste. Vous avez dit

qu'on pouvait s'inspirer de son expérience personnelle.

— C'est vrai, d'accord. C'est bon, Mark. »

Elle s'est déplacée pour voir le dessin de Rob, et sa mâchoire inférieure s'est légèrement affaissée. C'était plein de talent, mais Rob avait reproduit en détail les moindres recoins de l'anatomie humaine (masculine et féminine). (Je crois bien que c'était trop réaliste, même pour Mlle Tortiz.)

« On pourrait...

— On pourrait s'en servir en biologie ! a lancé un Grand Esprit (Gary).

Mlle Tortiz semblait ne plus trouver ses mots : « Euh... D'un point de vue technique... c'est un travail brillant, Rob. »

QUELLE EMBOBINEUSE !!!

« LE BAISER » DE ROB

Remarque : je suis assez jalouse du talent de Rob (avant, c'était MOI, la meilleure en arts plastiques. Allez, c'est pas le moment de faire semblant d'être modeste). Mais ça passe assez vite quand je regarde sa bouche et ses yeux rêêêveurs…

Mercredi 20 septembre

Plusieurs élèves ont eu des ennuis pour leurs dessins jugés obscènes et sans aucune qualité artistique. Ils ont tous un samedi de retenue et sont menacés d'exclusion temporaire si d'autres dessins du même genre sont trouvés dans l'enceinte du lycée. (On renvoyait Rodin en permanence ?) Des parents se sont plaints (Papa y compris).

Aujourd'hui, Mlle Tortiz nous a convoqués dans sa salle et nous a fait une grande tirade sur la façon d'aborder un sujet avec maturité et sur la nécessité d'éviter de montrer un intérêt disproportionné pour certaines parties de l'anatomie humaine. Pourtant, on dirait que la protestation écrite de Papa n'a pas réussi à la faire changer de projet pour notre prochain devoir : « Réinterpréter *Le Baiser* de Rodin en trois dimensions»... Incroyable, non? Et on doit travailler en binômes...

Mlle Tortiz a pris Mark à part et elle l'a prévenu qu'il devrait beaucoup travailler s'il voulait avoir une chance de s'améliorer. J'étais désolée pour lui mais mon cœur s'est mis à battre très vite, Rob regardait mon dessin épinglé au mur à côté du sien. Il s'est tourné vers moi et il m'a souri.

«J'adore ton dessin... (WAOUH! Et d'un ton si naturel! Si sincère! Mes jambes oscillaient comme les tentacules d'une méduse.) Mais je ne sais pas pourquoi Mark vient en arts plastiques! a continué Rob. Il est nul!»

J'ai été un peu déconcertée. Ce commentaire ne servait pas à grand-chose et Mark avait très bien pu l'entendre. (Et si... et si Rob était amoureux de moi et jaloux de ce qui restait de ma relation avec Mark??!)

« Alex... Ça te dirait qu'on fasse ensemble le prochain devoir? m'a demandé Rob. Je pense que toi et moi, on pourrait faire un magnifique *Baiser.* »

(Oui... Je pense aussi...)

« Je te retrouve demain après les cours? a-t-il continué. Tu peux passer chez moi, si tu veux. Aujourd'hui, je ne peux pas, j'ai des trucs à faire.

— Hon... »

J'en ai perdu l'usage de la parole, mais je me suis arrangée pour faire oui avec la tête.

Jenny, jalouse, m'a donné un petit coup dans les côtes pendant qu'on sortait de la salle.

« Mais c'est pas juste ! a-t-elle sifflé. Pas juste du tout !

— Il ne serait pas temps que tu grandisses et que tu apprennes à contrôler tes sentiments ?

— Tu ne changeras jamais, toi ? » m'a lancé Mark avec un regard furieux, me bousculant au passage. (Mais comment mon talent pourrait se développer dans des conditions pareilles ? Heureusement, je suis sûre que, avec Rob, ça sera comme deux esprits créatifs qui se rencontrent... et avec un peu de chance... comme deux corps créatifs qui se rencontrent aussi.)

Jeudi 21 septembre

Je suis allée dans l'énorme maison de Rob, il y a même un clocher ! Son père est comédien et Rob m'a dit que ses parents se sont installés ici quand son père jouait sur scène une adaptation du *Bossu de Notre-Dame*.

« Le clocher, ça lui a servi pour les répétitions, m'a expliqué Rob. Il jouait seulement une gargouille, mais il aime se sentir en situation. Il appelle ça le jeu sensitif...

— Hon.

— Ma mère doit être sortie mais mon père est probablement à la maison. Il est peut-être dans sa roulotte. Ils sont en quelque sorte... séparés, alors il y passe beaucoup de temps. Pour l'instant, il se repose.

— Je ne ferai pas beaucoup de bruit.

— Il ne travaille pas, il est très déprimé. Mais la semaine prochaine, il passe une audition pour une nouvelle pièce. Ça s'appelle *Les Vents de Lady Windermere*, une parodie de la pièce d'Oscar Wilde *L'Éventail de Lady Windermere*, et c'est hilarant ! Papa devra péter sur scène ! On espère bien qu'il aura le rôle, ça le changerait d'air...

— De vent, tu veux dire ?

— Ha ! Oui... Très drôle ! »

J'essayais d'imaginer mon propre père. Je ne pense pas que le reste de la famille, moi incluse, on se serait précipités au premier rang pour l'applaudir, on l'aurait plutôt répudié ! Pour une fois, j'étais devant une famille encore PLUS DINGUE que la mienne, ce qui n'est pas peu dire !

On est allés dans la cuisine (énorme) et,

soudain, le père de Rob a fait irruption. Affalé sur une chaise, il passait ses mains dans ses longs cheveux noirs dans un geste d'énervement et de désespoir. Il ne devait pas s'être rasé depuis plusieurs jours.

PÈRE DE ROB (DÉPRIMÉ)

« Salut, Tone... l'a accueilli Rob. Alex, mon père s'appelle Tony, alors on l'appelle Tone. »

Il a passé un bras autour de l'épaule de son père.

« Tu veux que je te trouve tes pilules ?

— Ce dont j'ai besoin, c'est de haricots ! Comment puis-je répéter mon rôle s'il n'y a pas la moindre boîte de haricots dans cette maison ??! »

« Bonjour, m'a dit une fille ultra-séduisante à la chevelure noire encore plus longue que celle du père de Rob. Elle venait d'entrer dans la cuisine et sentait le parfum hors de prix. En moins de dix secondes, elle s'est débrouillée pour prendre chacun de nous dans ses bras et l'embrasser sur la joue.

« Hermione, ma sœur... m'a dit Rob. Hermi, voici Alex...

— Ça fait plaisir de te rencontrer, Alex. J'ai tellement entendu parler de toi ! (C'est vrai, ça ?) Bon, je dois filer, j'ai une réunion.

— Hermi est en licence, a ajouté Rob. Maintenant, on ferait bien de laisser Papa seul. Il n'aime pas qu'il y ait du monde quand il est déprimé ou quand il répète. Ou les deux!

— Désolé... J'ai peur de ne pas être très agréable en ce moment!» a lancé le père de Rob en nous saluant d'un geste large du bras.

Je lui ai fait un grand sourire et un tout petit signe de la main.

«Viens, m'a dit Rob. Je voudrais te présenter Isambard.»

Isambard est un iguane domestiqué! Il vit dans un grand panier pour chien, dans la buanderie. Chaque jour, il avale une douzaine d'œufs, coquilles comprises !

« Il aime aussi la salade, m'a expliqué Rob, mais s'il en mange trop, il peut mourir.

— Tu l'emmènes en promenade ?

— Bien sûr ! C'est exactement comme si j'avais un chien… un chien vert d'un mètre de long… »

ISAMBARD

Après une très longue balade dans leur immense jardin avec le chien vert d'un mètre de long, il ne nous restait plus beaucoup de temps pour travailler. Rob m'a invitée à revenir dimanche, il devrait avoir quelques heures libres dans l'après-midi (il semble très, très occupé).

« Je te verrai à la fête de Lisa ? m'a-t-il demandé.

— Sûrement. »

Vendredi 22 septembre

J'ai surpris hier soir une conversation entre mes parents, ils parlaient de la mère de Rob.

« Évidemment, disait Maman, elle a beaucoup d'argent. »

(Trop de bol ! Je me demande où elle le planque ! Moi, je dois toujours dissimuler le peu que j'ai dans différentes cachettes de ma chambre, des cachettes où mes épouvantables voleurs de petits frères ne peuvent pas glisser leurs mains collantes. Maman a ensuite raconté que le premier mari de la mère de Rob était Horatio Potsworthy, un millionnaire assez âgé. Il était mort en lui laissant son immense fortune.

Aujourd'hui, j'étais calme et distraite en classe, je réfléchissais à la journée d'hier. Rob et sa famille sont tellement plus intéressants, plus fascinants que nous ! Et il semble tellement à l'aise, il sait toujours ce qu'il faut faire ou dire (comme sa sœur). Ça m'a fait repenser à Mark qui disait et faisait systématiquement ce qu'il ne faut pas (on avait même pris l'habitude d'en rire !). Je me suis demandé qui est *vraiment* Rob… J'ai l'impression de ne pas réellement le connaître.

Les autres filles sont fascinées, et certaines (dont Jenny) sont jalouses de ce qu'elles croient être un début de « relation » entre Rob et moi. Je ne sais pas si c'est le cas ou non. Mais j'aimerais bien. Ça m'énerve que Jenny ne soit pas contente pour moi. C'est comme Mark ! Toujours en MODE MÉGA-TRONCHE !

J'étais soulagée quand le premier cours (anglais) a commencé.

Mme Joyeux avait son habituelle teinte verdâtre, toujours son mal de cœur matinal (elle n'était pas mieux dans l'après-midi)...

« Clara s'est gentiment proposée pour nous lire un poème qu'elle a écrit, a annoncé Mme Joyeux. Clara ? Si tu es prête...

— Oui, madame. Ça s'appelle *La Mer.* »

Clara s'est éclairci la voix et elle a commencé :

La mer tumultueuse ondule
Profonde comme l'onde profonde
Vert déferlant !
Vagues gonflant, vagues enflant
Projette l'écume,
Brasse, brasse,
Comme une mystérieuse et gigantesque
[machine à laver...

« Mais ! Madame Joyeux ? Où allez-vous ? »

La prof a fait une sortie express de la salle. Après un petit quart d'heure, un de ses collègues est venu nous dire qu'elle ne se sentait pas bien, qu'elle avait dû rentrer chez elle et qu'elle espérait revenir la semaine prochaine. En attendant, on devait, comme devoir à la maison, écrire un poème sur le sujet que l'on voulait (*excepté* la mer).

Samedi 23 septembre

Fête de Lisa ! Je suis passée chez Jenny dans l'après-midi pour lui dire que son amitié était beaucoup plus importante que n'importe quel garçon. Je lui ai dit que je n'y pouvais rien s'ils n'arrêtaient pas de craquer pour moi ! Elle m'a balancé plusieurs coussins et on s'est préparées pour la fête. J'avais emprunté le rouge à lèvres de ma sœur, Pourpre Passion. (Grosse Chochotte ne le savait pas encore, elle était sortie pour toute la journée avec son Danny.)

Quand on est arrivées chez Lisa, la fête battait son plein. Son frère Errol faisait le D.J. et, mis à part les spots très disco qui clignotaient, la maison entière semblait plongée dans le noir. Il y avait quand même un peu de lumière dans la cuisine, où les parents de Lisa préparaient le buffet, les boissons, etc. (Lisa les a bien dressés, eux !)

J'ai cherché Rob dans l'obscurité. Oui ! Il était là, et dansait tout seul, apparemment. Ensuite, j'ai remarqué quatre filles qui se trémoussaient tout près de lui. Il m'a fait un signe de la main.

« Salut, Alex ! Tu viens nous rejoindre ? » (Nous ? J'aurais franchement préféré entendre *me* rejoindre.)

Rosita passait alternativement d'une danse avec Edward (genre aérobic intensif) à une séance de pédalage énergique sur son vélo d'appartement installé dans un coin de la pièce. Mark se reposait dans un fauteuil près d'une fenêtre.

ROSITA QUI DANSE AVEC EDWARD, FAÇON AÉROBIC INTENSIF...

Il m'a regardée avec des yeux sévères, j'ai préféré l'ignorer. Un Gémeaux comme moi ne peut pas supporter facilement un Verseau et sa nature jalouse. Au départ, c'était flatteur et même excitant mais, là, ça devenait casse-pieds. Je me suis demandé comment je le prendrais si Mark avait une nouvelle copine. Et je me suis répondu : tu serais contrariée…

À 11 heures, Lisa a baissé d'un coup la musique et on s'est réunis dans la salle à manger où se trouvait le fax. (Ne me demandez pas pourquoi ils ont un fax dans leur salle à manger… Peut-être pour commander des pizzas…)

« Franck a promis qu'il m'enverrait un message très spécial juste après 11 heures ! s'est exclamée Lisa. Ses fax sont trop géniaux ! Venez voir ! »

On s'est rassemblés docilement, sauf Rob qui est resté pour examiner la sono. À 11 h 30 il n'y avait toujours pas de message et on devenait nerveux.

« Il a peut-être oublié, a suggéré Gary.

— Franck n'oublie jamais rien ! » a répondu Lisa d'un ton ferme.

Soudain le papier a commencé à apparaître et on a poussé un soupir de soulagement. Mais pas pour longtemps…

« Qu'est-ce que c'est que ça ? » a demandé Clara.

« On dirait… a commencé Gary, on dirait que ton Franck t'a faxé une… une photocopie de son derrière !

— Non ! s'est écriée Lisa. Pas Franck ! Franck ne ferait jamais une chose pareille !

— C'est peut-être juste une tache, a avancé Freddy.

— Non, non, non ! a repris Gary, l'air très sûr de lui. Je vous dis que c'est un derrière ! » (En fait, il n'a pas utilisé exactement ce mot-là, mais vous devez bien être conscients que votre petit frère ou petite sœur peuvent lire ce journal. En tout cas, s'ils sont comme les MIENS, ils le FERONT.)

« Attends une minute… On dirait qu'il va y avoir une autre page… Il y a quelque chose d'écrit… Tiens, il a une belle écriture… Hé ! Oh ! »

On a tous lu le fax. Ça disait : *Salut, Lisa ! J'ai bu trois cocktails à l'ananas et je ne sais plus trop ce que je fais. Mais je sais que je viens de rencontrer quelqu'un d'autre et qu'elle s'appelle Julianne. Désolé. Je ne t'oublierai jamais. Bon courage. Franck.*

Lisa a commencé à suffoquer et elle s'est précipitée à l'étage. On a entendu claquer la porte de sa chambre. Il y a eu un silence bien lourd et bien gênant. Certains se sont raclé la gorge et l'horloge a sonné minuit. Il était temps pour les garçons de se transformer en citrouilles et de disparaître dans la nuit !

Dimanche 24 septembre

Matin

Je suis très fatiguée. Après une nuit déprimante, j'ai une mine de déterrée et l'humeur qui va avec. Après le départ des garçons, le père de Lisa a fermé les volets et les portes à clef (comme s'il avait la trouille qu'ils reviennent en douce).

On est montées à l'étage pour consoler Lisa, mais elle nous a dit de nous en aller (à sa mère aussi) et qu'elle détestait la vie.

On a donc toutes dormi au salon. Au programme, ni gloussements ni ragots. On a donné notre avis sur Franck et ce n'était pas flatteur. Puis, assez vite, le silence est tombé, troublé par les lointains sanglots de Lisa et le ronronnement métallique du vélo de Rosita.

Au petit matin, Lisa s'est sentie mieux. On est entrées dans sa chambre pour la réconforter. Assises sur son lit, on l'a prise à tour de rôle dans nos bras. Mais ça l'a fait aussitôt repleurer. L'émotion est devenue trop forte pour nous et, bientôt, on sanglotait aussi. La maman de Lisa a dit qu'on était peut-être fatiguées et qu'on devrait se reposer chez nous.

Je suis rentrée à la maison, mais pas pour longtemps : je devais déjà partir chez Rob.

Juste le temps de prendre un bain, de me laver les cheveux, de me remaquiller et d'essayer de perdre mon air cadavérique. Grosse Chochotte a cogné contre la porte de la salle de bains, réclamant la restitution immédiate de son rouge à lèvres. Je m'en suis remis un petit coup avant de le lui rendre.

« Tu sors encore ? On te voit à peine, ma chérie ! » s'est exclamée Maman. (C'était légèrement exagéré. Je trouve que je passe beaucoup trop de temps à la maison. Maman prend peut-être ses désirs pour des réalités ?)

« N'oublie pas tes devoirs ! a tonné Papa. Je te rappelle que tu as le bac l'an prochain !

— Mais c'est pour ça que je sors, Papa ! Pour faire mes devoirs. Avec Rob. Mlle Tortiz nous l'a demandé. »

Aux yeux de Papa, j'ai compris que le lycée n'allait pas tarder à recevoir une autre lettre.

Après-midi

Toute la famille de Rob était dans la cuisine et Isambard l'iguane trônait sur la table. Le nez dans un grand bol de salade, il finissait quelques lambeaux de laitue et de cresson. Le père de Rob engloutissait des haricots directement dans une casserole. Il ne s'était toujours pas rasé.

« Pour l'amour de Dieu, Tony ! a grondé une grosse dame en robe bariolée, avec sur la tête une espèce de turban (elle ressemblait à Mlle Mystique et ce n'était pas rassurant). Si tu as l'intention de répéter cette maudite pièce, aie au moins la décence d'aller dans ta roulotte !

— Tes désirs sont des ordres, ma petite fleur de cerisier ! » lui a répondu le père de Rob en sortant de la cuisine.

« Alex… je te présente ma mère ! a dit Rob d'un ton faussement sérieux.

— Enchantée ! Enchantée ! s'est-elle écriée. Appelez-moi Marie-Anouska ! Mon père était français, ma mère une princesse russe ! »

Elle m'a tendu une main lourde de bagues et de bijoux et je me suis demandé si je devais m'agenouiller pour l'embrasser.

« Appelle-la juste Annie, m'a dit Rob. Comme tout le monde…

— Je ne supporte pas ce nom ! a tonné sa mère. On ne devrait jamais raccourcir les prénoms ! Toi, par exemple, tu t'appelles Roberto, comme ton grand-oncle italien et…

— Oui, oui, Annie, a continué Rob (Roberto ?). Calme-toi. Tu as une grosse journée demain… »

Il s'est tourné vers moi.

« Maman est responsable d'une importante collection d'œuvres d'art qui déménage demain dans de nouveaux locaux à Londres. Il y en a pour plus de quarante milliards !

— Waouh ! » (J'imaginais Annie avec quarante milliards entassés sous son énorme turban...)

« Tu dois avoir entendu parler de la collection Potsworthy ? a ajouté Rob.

— Euh...

SON TURBAN DEVRAIT ÊTRE ÉNORME...

— C'est la plus grande collection au monde d'art déstructuraliste postmoderne. L'exposition à elle seule va occuper plus de six mille mètres carrés ! Un espace en verre spécialement conçu a été construit, avec un blindage spécial antiradiation en cas d'attaque nucléaire !

— Je... j'adore l'art, moi aussi... » (Et c'est tout ce que j'ai trouvé à dire, alors que j'enrage qu'on gaspille de l'argent quand tant de gens meurent de faim. Mais je ne me voyais pas polémiquer avec la mère de Rob...)

« Pour l'amour de Dieu ! s'est encore exclamée Annie. (Est-ce que j'avais dit quelque chose ? Elle pouvait peut-être lire dans mes pensées ?) Rob, emmène cet iguane hors d'ici !

Ses bruits de bouche me portent sur les nerfs ! Et j'en ai assez à supporter avec ton père en ce moment !

— Sois pas trop dure avec Tone, Annie. Il est plutôt déprimé.

— Il aurait de quoi être déprimé s'il ne m'avait pas épousée ! Avec son théâtre qui ne lui rapporte pas un haricot !

— Pourtant, en ce moment, on ne peut pas dire qu'il en manque... » a rigolé Rob.

Sa mère et lui sont partis d'un grand éclat de rire. Moi, j'ai réussi à esquisser un sourire (je commençais à plaindre Tone...).

On a passé le reste de l'après-midi à promener Isambard dans le jardin. De la roulotte de Tone s'échappait un concert de bruits mêlés à quelques gros mots. On n'avait toujours pas fait notre travail d'arts plastiques. J'ai quand même dit que ça m'inquiétait.

« Hé ! Respire ! m'a répondu Rob. Tu n'es pas du genre à stresser pour les devoirs, non ?

— Oh non ! Bien sûr que NON !

— On le fera demain. Ce soir, je suis occupé mais j'aurai du temps demain après-midi, après les cours. Ça ira, à ce moment-là ?

— O.K., ça ira... »

Lundi 25 septembre

Jenny continue à me questionner sur ce qu'il y a entre moi et Rob. Aujourd'hui, je lui ai répondu que, en toute honnêteté, je n'en savais rien.

« Alors tu dois lui parler ! m'a-t-elle dit.

— Tu crois ?

— Bien sûr ! Tu as le droit de savoir s'il t'aime vraiment ou s'il est juste en train de te balader ! »

Elle a raison. Elle comprend tout de suite ce qui me tracasse. Et j'ai décidé de parler à Rob le soir même.

Il était un peu pâle quand je suis arrivée chez lui, je lui ai demandé si tout allait bien.

« Tone est à l'hôpital.

— Oh ! Mais qu'est-ce qui s'est passé ?

— Il a répété dans sa roulotte pour *Les Vents de Lady Windermere* tard hier soir, puis il a voulu allumer une cigarette et il y a eu une énorme explosion ! La roulotte a volé en éclats…

— Fumer tue…

— Donc il est à l'hôpital, enveloppé de bandages. On dirait une momie égyptienne, il espère quand même pouvoir aller à l'audition mercredi… »

J'étais triste pour Tone même s'il devait être responsable d'un énorme trou dans la couche d'ozone.

On s'est assis à la table de la cuisine. La mère de Rob était à Londres en train de déménager la collection Potsworthy (j'espère que, à ce prix-là, elle ne laisse rien tomber – OUPS ! Mince, encore sept milliards d'envolés...) et Hermi était allée voir Tone à l'hôpital.

Rob m'a annoncé qu'on allait faire notre *Baiser* en trois dimensions avec... des clous, de la ficelle et de la colle forte. J'ai juste fait oui de la tête et j'ai essayé de paraître décontractée.

Remarque : hocher trop rapidement la tête ne donne pas un air très décontracté. Rob me rend nerveuse.

J'ai décidé d'y aller direct.

« Rob... ?

— Oui ?

— Je...

— Tiens ces clous ! Non, pas CEUX-LÀ ! C'est mieux. Je vais les attacher avec cette ficelle.

— Rob... ?

— Oui ? Où est la colle ? T'es pas concentrée, Alex ! Ce gros clou doit être collé à angle droit. C'est ça, le truc. Et ces deux clous rouillés vont se croiser, comme deux vies se croisent à un moment précis... Et je veux que cette grosse vis dépasse en haut…

— Rob…?»

LA RENCONTRE DE DEUX ESPRITS CRÉATIFS...

«QU'EST-CE QU'IL Y A?!? Maintenant tu as tout foutu par terre! C'est une vraie cata! On n'y arrivera jamais. Alors qu'est-ce que tu voulais?

— Rien.»

Mardi 26 septembre

On a réussi à terminer notre sculpture de clous hier soir. Rob a fini la journée dans une humeur épouvantable (bonjour l'absence de stress pour les devoirs maison!). J'ai bien senti que ce n'était pas le moment de lui demander s'il était amoureux de moi.

Mlle Tortiz a beaucoup aimé notre construction et elle a invité le reste de la classe à l'étudier de plus près. C'est clair : Rob est son préféré et donc il ne peut faire que des merveilles. (Aucune autre explication au fait qu'une femme tombe en extase devant une pile de clous !)

Mark avait apporté un bloc d'argile qui ressemblait beaucoup à un derrière d'hippopotame. Mlle Tortiz l'a considéré, puis elle a regardé Mark et a fait : « Oui… je vois… » C'est tout ce qu'elle a dit ! Elle ne l'a pas aidé plus que ça ! J'aime pas cette Tortiz ! Non mais… qu'est-ce qui me prend de vouloir protéger Mark ? Il ne le mérite pas !

UNE CERTAINE RESSEMBLANCE
AVEC UN DERRIÈRE D'HIPPOPOTAME…

Mercredi 27 septembre

Jenny m'a reproché de ne pas oser affronter Rob et je lui ai promis de faire un nouvel essai pendant la pause déjeuner. Je me suis donc assise à la même table que lui.

« Rob… ?

— Alex.

— Quel est ton signe astrologique ? (Mon sujet de conversation préféré !!! Je sais, je sais. Je suis nulle…)

— Oooh… ne me dis pas que tu crois à tous ces trucs-là ? (VRAIMENT NULLE.) Mais si tu veux le savoir, a continué Rob, c'est Poissons.

— Oh ! »

J'AI CONNU UN POISSONS NOMMÉ KÉVIN

J'avais déjà connu un Poissons… Kévin. Et il n'avait pas été formidable… Mais je me suis vite reprise :

— Waouh, c'est marrant ! Je suis Gémeaux et Poissons-Gémeaux, c'est VRAIMENT une combinaison géniale ! (Ce n'était pas archivrai, mais je devais le dire pour en arriver où je voulais…)

— Ah bon.

— Rob... ?

— Oui, Alex...

— Estcequetumaimes ?» (C'est sorti d'un seul coup !)

Rob a ouvert son sandwich à l'œuf et à la salade sur son assiette, il a enlevé la salade, il l'a emballée dans une serviette en papier et il l'a fourrée dans sa poche.

«Je fais une fête le mois prochain, a-t-il commencé. Tu veux venir ?» (Ce n'était pas vraiment la réponse que j'espérais, mais peut-être que c'était sa façon à lui de me dire qu'il m'aimait.) Rob a continué : «C'est une fête pour Halloween. Comme tout le monde fête Halloween le 31 octobre, ça devient rasoir. Alors je vais le fêter le 13 octobre. C'est le 31 à l'envers, tu vois ? Et c'est une date mortelle si tu es superstitieux ! Moi, je ne le suis pas !

— D'accord. Super. Oui. Je serai supercontente de venir... »

Jeudi 28 septembre

Balançant son sandwich dans les airs, Rob est venu en dansant vers moi à la cantine. Il était très excité par quelque chose. «Il l'a eu !

Il a eu le rôle! Mon père va jouer dans *Les Vents de Lady Windermere*! Je le crois pas!» (Rob était si excité qu'il en a même oublié d'appeler son père par son prénom.) «On est tous sortis hier soir pour manger un curry. C'était vraiment sympa de voir Tone et Annie passer un bon moment ensemble. Je ne pense pas que ça durera…» Rob a paru soudain triste.

(MAINTENANT! C'était LE moment d'avancer ma main et de toucher celle de Rob, nos regards allaient se croiser, un orchestre symphonique commencer à jouer…)

« Ce sandwich a un goût de moisi! a grogné Rob. Je vais me chercher des frites!» (Trop tard… LE moment venait de passer…)

Mme Joyeux était à peu près de la même couleur qu'Isambard. Affalée sur une chaise près du tableau, elle regardait fixement à travers une mer de visages (formulation à éviter, je sais). Les yeux dans la vague, pardon, le vague, elle n'avait pas l'air de reconnaître ses élèves. Prudemment, un des garçons lui a apporté un seau (oublié là par les personnes du nettoyage).

«Merci, Freddy… C'est très gentil…» a soupiré Mme Joyeux.

Avec un énorme effort, elle a réussi à nous faire un affreux sourire.

« Aujourd'hui, je voudrais que vous lisiez les poèmes que vous avez écrits. Rob ? Pourrais-tu commencer, s'il te plaît ? »

Elle l'a dévisagé puis elle a détourné la tête, on comprenait à son expression que la couleur des cheveux de Rob (verts) n'arrangeait pas son mal de cœur.

Rob s'est éclairci la voix.

« J'ai écrit un poème pour fêter le nouveau rôle de mon père dans une pièce importante !

— Très bien. Continue…

— Merci. Ça s'appelle *L'Acteur* :

Grand acteur au milieu du décor
Il n'a pas l'âge de son corps
Colosse aux pieds bien écartés
Il déchire l'atmosphère d'un colossal…

— Rob ! Ça suffit ! s'est fâchée Mme Joyeux. Et je rappelle à la classe que la poésie est un sujet sérieux ! C'est un magnifique moyen pour exprimer des sentiments et des pensées difficiles à transmettre et à partager ! »

Épuisée par son long discours, elle s'est laissée retomber sur sa chaise, haletant comme un poisson échoué sur le sable.

Elle a désigné Gary du doigt pour être le

prochain à lire son poème. Il s'est levé d'un bond, extrayant avec difficulté une feuille de papier froissée du fond de sa poche.

« Médiocre présentation… a murmuré la prof d'une voix triste.

— Je l'ai intitulée *La Peur.*

— Bien. »

La peur
La peur est noire
La peur vous tombe dessus
La peur vous retourne l'estomac
Vous vous ruez dans la salle de bains
Elle a disparu
Effrayé
Désespéré
Vous savez que vous vomirez
D'un grand jet…

Mme Joyeux a quitté la classe.

Un professeur est venu nous informer qu'elle avait dû rentrer chez elle.

Rob et Gary ont pris des heures de colle et on a tous reçu un avertissement pour nous rappeler de nous « comporter d'une manière plus réfléchie et plus sensible à l'avenir ». (C'est complètement injuste ! Aucune fille et seulement quelques garçons ont rigolé en écoutant le poème de Gary. Cela ne rimait même pas tout le temps ! En revanche, je suis désolée pour Rob qui ne racontait que la vérité.)

Samedi 30 septembre

Fête pour le quatrième anniversaire de Clémentine ! Il y avait une dizaine d'invités miniatures (on aurait dit qu'il y en avait quatre fois plus). Les filles portaient des robes adorables et les garçons des chemises et des petites cravates (DES ANGES !). Pendant cinq minutes, ils m'ont bousculée, cognée, tirée dans tous les sens, j'en ai eu ASSEZ. (Maman voulait que la fête ne dure pas trop longtemps, moi je lui avais conseillé dix minutes...) Je me suis brusquement souvenue que j'avais plein de devoirs et j'allais me retirer dans ma chambre quand Maman m'a rattrapée et a exigé que je l'AIDE. (Tiens ? Je croyais que ma priorité, c'était le bac ?)

Ma dernière volonté, ça a été de passer un coup de téléphone. Je pouvais difficilement me faire entendre au milieu des bruits, des cris, des pleurs d'invités qui essaient de s'entretuer, mais je me suis débrouillée pour joindre Jenny et l'appeler au secours. Elle a accepté et j'ai été soulagée de la voir arriver.

« Une fête d'anniversaire pour les petits ! J'adore ! » s'est-elle exclamée en franchissant la porte du salon. C'est là qu'un bol de confiture de fraises qui volait à basse altitude l'a atteinte en pleine poitrine. Jenny a commencé à prendre conscience de la gravité de la situation.

On s'est trouvé chacune une petite fille calme et timide, et on s'est assises avec elles sur nos genoux. Mais ce n'était pas suffisant pour Maman, qui s'énervait de plus en plus.

« Alex ! Pourrais-tu distribuer les cadeaux ? Et s'il te plaît, empêche Duncan et Peter de se battre ! Jenny... sois gentille et viens m'aider dans la cuisine, ils réclament tous à boire ! »

La fête battait son plein. La plupart des invités dansaient sur la cassette préférée de Clémentine, des versions rap de *Pomme de reinette* et autres chansons enfantines. Une petite fille sage s'est mise à hurler que Duncan l'avait flanquée par terre (et même qu'elle ne voulait pas venir ici parce que d'abord elle déteste venir ici...). Je me suis retrouvée constellée de taches de gâteau au chocolat et Clémentine m'a achevée en me collant un de ces chapeaux de fête sur la tête (je pense qu'elle l'a fixé sur mes cheveux avec la confiture mais je ne suis pas sûre). Quelqu'un a frappé très fort à la porte...

J'ai ouvert... c'était Rob.

« Chouette chapeau ! m'a-t-il dit avec un grand sourire. J'adore les fêtes d'enfants ! Je peux entrer ? J'ai vu des ballons devant votre porte...

— Comment tu sais que j'habite ici ?

— Je sais tout ! Dis, j'ai Isambard avec moi. Ça ne te dérange pas ? »

Avant que j'aie eu le temps de répondre, Rob et Isambard au bout de sa laisse étaient entrés dans le salon. Tous les gosses se sont figés comme s'ils jouaient à 1, 2, 3, soleil !

« Ça, c'est un dragon, ça ! » a dit Duncan, très calme.

Deux petites filles timides ont fondu en larmes, et Jenny et moi, on a fait ce qu'on pouvait pour les rassurer.

« C'est vrai que c'est un dragon ? a demandé Peter.

— Non, c'est un iguane. Tu peux le caresser, si tu veux... Très doucement ! »

SAMEDI 30 SEPTEMBRE

Isambard est un gros gourmand. Clémentine lui a donné deux œufs et des sandwichs à la salade, et Duncan lui a versé dans la gueule une part de gâteau au chocolat avant qu'on puisse l'arrêter. Les enfants l'ont promené en laisse à tour de rôle autour de la pièce. Maman s'est inquiétée de savoir s'il était vraiment dressé, mais personne ne lui a répondu.

Rob est parti en même temps que les autres invités en emmenant un ballon et une part de gâteau. Je suis restée plantée là, à me demander pourquoi il était venu. En tout cas, c'était exactement comme s'il avait seulement voulu venir à une fête d'enfants... Le gentil garçon !

Dimanche 1er octobre

Jenny n'a AUCUN doute sur les raisons qui ont attiré Rob chez moi.

« Il est AMOUREUX de toi, Alex ! La fête de Clémentine n'était qu'une excuse pour te voir !

— Oui, mais...

— Oh, tais-toi ! Je suis trop jalouse... »

On était là-haut dans ma chambre, on papotait, on feuilletait *YES ! magazine*.

« Mais tu sors avec James... lui ai-je quand même fait remarquer.

— Je sais… N'empêche que ça ne me dérangerait pas que Rob soit amoureux de moi !

— Avant ils étaient toujours après toi, maintenant c'est mon tour. »

On a été interrompues par un coup frappé à la porte.

« Alex ! m'a appelée Maman de sa voix suraiguë. C'est ton ami Rob… et son lézard machin-chose ! »

Et Rob est venu nous proposer de promener le lézard machin-chose. Jenny m'a jeté aussitôt un regard entendu et je lui ai envoyé mon coude dans les côtes.

« C'est l'igubanane ! » s'est exclamée Clémentine en se précipitant pour caresser Isambard et lui offrir une tasse de son service à thé.

Mes frères aussi étaient fascinés et Tom essayait de frimer en racontant qu'il connaissait quelqu'un qui avait six iguanes ET un python. Et bien sûr, les iguanes de son ami étaient bien plus gros que celui-là. (Je DÉTESTE quand ils friment.)

« J'aime bien ta famille, m'a dit gentiment Rob pendant qu'on promenait l'igubanane le long du trottoir.

— Ils sont sympas.

— Comment tu appelles tes parents ?

— Euh... (Hank et Pétunia, c'était trop ridicule pour être avoué à qui que ce soit. Mais Rob risquait de me trouver ringarde de les appeler bêtement Papa et Maman.)

— Euh... je les appelle... euh... Isa et Lawrence ! » (Un camion venait de passer avec ces noms peints sur l'arrière. Jenny m'a jeté un regard et je lui ai souri nerveusement.)

« Super comme prénoms... »

On a tourné au coin de la rue et, une fois de plus, on a presque percuté Mark qui promenait Dogbert.

Mark et moi, on aurait bien fait semblant de ne pas se voir, mais Dogbert avait d'autres projets. Il a commencé à renifler l'arrière-train d'Isambard (comme s'il voulait en savoir plus sur ce chien vert d'un mètre. Est-ce que c'était vraiment un chien ? Est-ce que par hasard ce n'était pas une FEMELLE verte ?).

Isambard était outré. En une seconde, il a fait demi-tour, il a ouvert grand la gueule et il a poussé un sifflement féroce au museau de Dogbert. Le chien s'est enfui en aboyant. Il a bientôt disparu au coin de la rue en tirant Mark derrière lui.

DOGBERT RENCONTRE ISAMBARD

« Bruyant, ton copain Mark ! » m'a lancé Rob. (En fait, Rob doit être quelqu'un de gentil. Je suis sûre qu'il ne pensait pas un mot de ce qu'il a dit de Mark en cours d'arts plastiques.)

Le reste de la promenade s'est déroulé sans incident. Rob nous a dit au revoir devant chez moi, car il devait rentrer faire certaines choses (il ne lâche pas les détails). Dans le jardin, Papa torturait un petit buisson à coups de cisailles à haie. « Beau travail, Lawrence ! » lui a crié Rob par-dessus la haie. Puis il est parti, laissant Papa le regard fixe et perplexe.

Lundi 2 octobre

Rob s'est fait faire un piercing au sourcil gauche !

ROB AVEC LE PIERCING POSÉ PAR SA GRANDE SŒUR COOL (NE PAS LA LAISSER S'APPROCHER DE MOI...)

« C'est Hermi qui me l'a fait. Elle peut te percer n'importe quelle partie du corps si tu lui demandes. » (Je ne pense pas le lui demander...) Mais je m'inquiète de plus en plus, Rob doit trouver mon look vraiment trop ringard pour que je l'intéresse ! Qu'est-ce que je pourrais bien faire ?

Ça serait comment d'avoir une sœur aînée comme Hermi ? J'imagine mal Grosse Chochotte me fondant dessus avec une aiguille, un pistolet à agrafes ou une machine à faire des trous. (LE CAUCHEMAR !) Elle percerait sûrement au mauvais endroit... Finalement, j'aime Grosse Chochotte comme elle est (la plupart du temps...).

En chimie, Mark était assis à côté de moi (Rob n'a pas choisi chimie. D'après lui, c'est rasoir). Au début du cours, il a mis un point d'honneur à ne pas me parler. Mais il n'a pas pu se retenir très longtemps...

« C'est tout à fait irresponsable et débile de la part de ton AMI aux cheveux verts (il a dit ça avec un mépris !) et de la tienne de trimballer cette créature. Un vrai danger ! Dogbert était mort de peur !

— Isambard n'est pas dangereux !

— Isambard ?!? Qu'est-ce que c'est que ce nom ?!?

— C'est un nom très sympa !

— Non ! C'est crétin ! Ridicule, comme ton AMI. Et son piercing aussi. ET ses cheveux, on dirait qu'un géant lui a craché sur la tête ! »

Je tremblais de partout, j'étais sur le point de le virer de sa chaise. (J'ai même pensé à le confronter à Rosita, qui devient imbattable en arts martiaux.)

« Lui, ça va peut-être t'étonner, mais il t'APPRÉCIE ! ai-je rétorqué en espérant bien lui faire honte.

— Il se la pète et c'est tout ! Elle ne vaut pas un clou, son amitié. »

(Maintenant, j'étais trop en colère pour répondre. Et c'était aussi bien, car le prof, l'air sévère, regardait dans notre direction…)

Le cours s'achevait quand Mark m'a dit : « Tu ne te préoccupes même pas de Dogbert ! » (D'abord il était jaloux de lui et voilà qu'il l'utilisait comme une arme pour m'attendrir ! Quoique… utiliser Dogbert comme arme pour quoi que ce soit, c'était une drôle d'idée…)

Mardi 3 octobre

Lisa ressort avec Zak. Il semble qu'il ait de nouveau un cœur d'or même si ses pieds sentent toujours le gorgonzola (elle l'avait quand même quitté à cause de ça). Elle a de la chance. J'ai peur que Mark n'ait perdu pour toujours son cœur d'or à lui ! (Incapable qu'il est de *canaliser positivement ses émotions* comme le conseille souvent Mlle Mystique aux Gémeaux, Poissons, Verseaux, etc.) En tout cas, moi, il est en train de me perdre pour de bon ! Il m'a peut-être déjà perdue ?

C'était trop difficile de répondre à ces questions, j'ai décidé d'oublier un peu les garçons et de me concentrer sur le cours d'arts plastiques (et je ne dois pas oublier que j'ai des examens l'an prochain et gnagnagna et gnagnagna... zzzzzzz...).

Mlle Tortiz voulait qu'on commence une peinture sur le thème du « Rejet ». J'ai choisi de ME peindre tournant le dos à TOUS LES GARÇONS (ou à autant que pouvait en contenir ma feuille). Ça, pour avoir l'air rejetés, ils auront l'air rejetés !

PEINTURE SUR LE THÈME DU REJET (DE TOUS LES GARÇONS)

Je suis passée chez Jenny après le lycée pour une discussion top niveau : *Comment améliorer mon look…*

Remarque : je ne fais ça que pour MOI et absolument pas pour attirer un QUELCONQUE GARÇON…

On a décidé de se donner rendez-vous samedi, on essaiera d'aller en ville pour voir si on peut arranger ça.

« Je pensais me faire percer les oreilles, ai-je annoncé à Jenny. Tu crois que ta mère me le ferait ? (Elle est esthéticienne.)

— Non, elle est de mauvais poil en ce moment et elle dit NON à tout. »

Heureusement que Jenny et moi, on s'entend si bien. Avec les mères à humeur instable qu'on a !

Point positif : je n'ai pas pensé aux garçons pendant un bon moment…

Mercredi 4 octobre

Plus que neuf jours avant la fête de Rob !

Jeudi 5 octobre

Plus que huit jours avant la fête de Rob !

Vendredi 6 octobre

Plus qu'une semaine avant la fête de Rob !

Samedi 7 octobre

Je suis allée chez Jenny pour préparer mon plan de guerre : comment nous faire le look du siècle ? (Je dis « nous » parce que Jenny ne voit pas pourquoi elle devrait m'aider si je ne l'aide pas, c'est correct.) Une demi-heure plus tard, on était prêtes à le mettre à exécution. Voici le détail :

Plan

1. Se teindre les cheveux. Couleurs envisagées : vert sombre, vert clair, vert chou. Ou bleu. Peut-être quelques mèches plutôt que toute la tête.
2. Se procurer des petits trucs à la mode à s'accrocher dans les cheveux.
3. Essayer différents maquillages. Réduire les dépenses en utilisant celui de Grosse Chochotte. Économiser encore davantage en obtenant de la mère de Jenny qu'elle me coupe les cheveux (si elle est de bonne humeur). Jenny a déjà une nouvelle coiffure géniale, cadeau de sa mère (cool d'avoir une mère esthéticienne !)
4. Se faire percer nos quatre oreilles (celles de Jenny + les miennes). Économiser encore PLUS en demandant à la mère de Jenny de faire ça aussi pour nous (lui préparer une bonne tasse de thé avec biscuits avant de le lui demander).
5. Se faire percer le nez. Et les deux sourcils. ET le nombril.
6. Supprimer le 5.

« Pourquoi tu ne veux pas qu'on se perce le nez, les sourcils et le nombril, Jenny ?

— Je ne sais pas trop... Maman dit que

c'est dangereux. Qu'on risque une infection. T'es pas obligée de l'écouter, mais ça pourrait la mettre définitivement de mauvaise humeur.

— O.K., on s'en tient aux oreilles. »

On a préparé un plateau avec une tasse de thé fumant (du lait mais pas de sucre), une assiette de biscuits (arrangée avec goût) et même un petit vase avec une fleur du jardin, et on l'a apporté à la mère de Jenny.

« D'accord, d'accord... Alors, dites-moi ce que vous voulez, toutes les deux ? » (Les parents sont tellement cyniques !)

On lui a expliqué.

Naturellement, la mère de Jenny a voulu téléphoner à la mienne pour lui demander son autorisation. J'ai entendu la voix de Maman répondre : « Je suppose que je ferais mieux de dire oui. Alex va encore me faire la tête si je refuse... »

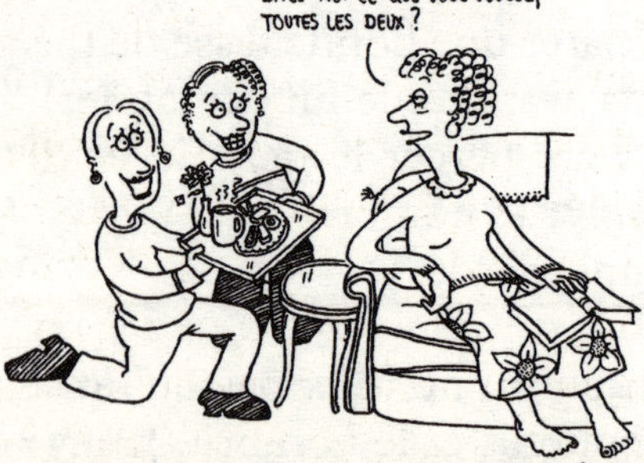

LES PARENTS SONT TELLEMENT CYNIQUES !

On s'est contentées de se faire percer les oreilles puis la mère de Jenny (qui semblait de BONNE humeur !) nous a emmenées en ville acheter de la teinture pour cheveux (on a expliqué que c'était seulement pour une fête), et choisir un fond de teint très pâle, presque blanc (parfait pour une fête de presque Halloween !), et des anneaux d'orteils. J'espérais aussi trouver un kit de piercing spécial ongles (en espérant qu'ils seraient assez longs d'ici samedi ! Et puis, il me restait peut-être des faux ongles...).

Dimanche 8 octobre

Mes mains en tremblaient quand j'ai ouvert l'emballage de la teinture verte. Jenny et moi, on s'était enfermées dans ma salle de bains. On n'était pas censées utiliser la teinture avant samedi prochain pour la fête de Rob, mais je ne pouvais plus attendre. (Le vert, c'est ma couleur ! J'ai toujours été pour l'écologie ! Ha ! Ha !) Jenny ne veut pas se teindre les cheveux, mais elle a proposé de m'aider.

Presque une heure plus tard, l'effet était saisissant ! J'avais de grandes mèches vertes et brillantes ! Un look vraiment original ! L'ennui, c'est qu'on avait aussi toutes les deux les doigts verts malgré les gants de protection. Une de mes oreilles était assez verte aussi…

Il fallait bien sortir de la salle de bains.

« Les cheveux d'Alex ont moisi ! a braillé mon frère Numéro Deux.

— Ooooh… a fait Maman. Je… je préfère ta couleur naturelle, ma chérie. De si jolis cheveux…

— Tu vas avoir des ennuis au lycée, a ronchonné mon père. Tu ne peux pas passer tes examens comme ça ! »

Je lui ai fait remarquer patiemment que Rob avait des cheveux verts et que personne ne semblait s'en préoccuper. Papa est parti en marmonnant, sans doute pour écrire une autre lettre…

Lundi 9 octobre

Mes cheveux ont beaucoup plu, au lycée. Gary était en admiration devant mon oreille verte, mais Rob n'a fait aucun commentaire.

Plus tard, je l'ai retrouvé en arts plastiques,

il travaillait à sa peinture du « Rejet ». Il avait déjà dessiné un personnage triste, voûté et blotti devant une porte. Il m'a demandé de quelle couleur je l'aurais peinte.

« Vert ! ai-je répondu. DÉFINITIVEMENT... VERT ! Tu ne peux pas te tromper avec du VERT.

— Je ne suis pas d'accord, a-t-il dit sans me regarder. Non, je vois mieux un bleu-gris sombre. »

J'ai poussé un soupir et je suis partie m'occuper de mes nouveaux projets à moi. On m'a demandé de dessiner deux élèves typiques de Sainte-Barbe pour la brochure du lycée. Je dois imaginer une fille et un garçon et même un prof. C'est flatteur qu'on me l'ait demandé, mais je ne sais pas trop quoi faire. J'ai esquissé le garçon. On m'a dit de leur donner l'air intelligent, alors je lui ai fait une raie bien nette. Une catastrophe ! J'ai tout gommé et je lui ai redessiné une coiffure normale. Je lui aurais bien fait des cheveux verts, mais les dessins seront imprimés en noir et blanc. J'ai commencé une femme prof, elle avait une expression bizarre... comme si elle allait vomir (pas de doute, c'était Mme Joyeux !). Bref, j'ai tout remis dans mon carton...

MES DESSINS DE L'ÉLÈVE TYPIQUE DE SAINTE-BARBE

Mardi 10 octobre

Plus que trois jours avant la fête de Rob! YESSSSSSSSSSSSSS!!! (Cri que je pousse quand je suis vraiment excitée.)

LOGIQUE MATERNELLE

J'ai demandé à Maman de raccourcir la jupe que je porte souvent au lycée (elle m'arrive à mi-cuisse!). Elle a refusé en disant que ma jupe raccourcirait toute seule au fur et à mesure de ma croissance.

Note : voilà un exemple parfait de logique maternelle !

Je lui ai répondu que je ne pouvais pas attendre aussi longtemps, que je voulais une jupe plus courte MAINTENANT. (Si j'écoutais ma mère, j'aurais ma jupe à la bonne taille à la fin du lycée !)

Remarque : de combien de centimètres Maman croit-elle que je vais grandir ? Je ne veux pas surplomber Rob, moi ! Et Mark non plus.

Mercredi 11 octobre

Plus que deux jours avant la fête de Rob ! YESSSSSSSSSS !!!

Jeudi 12 octobre

Plus qu'un seul jour… YESSSSSSSSSSS !!!

Vendredi 13 octobre

YESSSSSSSSSSSSSSSSSSSSSSSSSSSSSSSSSSS !!!

Je suis allée directement chez Jenny après les cours pour qu'on se prépare. J'avais apporté le fond de teint blanc et le rouge à lèvres Pourpre Passion (Grosse Chochotte a décidé qu'il ne lui allait pas et elle me l'a *donné* ! Elle est géniale...).

On s'est fait un look d'enfer (tout à fait EFFRAYANT), parfait pour une fête de presque Halloween. On s'est mis des faux ongles, du vernis vert et noir et on a bien rigolé avec le kit de piercing pour ongles. On portait surtout des vêtements noirs avec un peu d'argenté sur les épaules. On a dit qu'on était des chats de sorcières, on sifflait, on miaulait et on se donnait des petits coups de griffes. Puis on s'est assises tranquillement sur le lit de Jenny quand on a compris qu'on était prêtes avec quelques heures d'avance.

Quelques heures plus tard...

On est arrivées à la fête de Rob. La façade de la maison et certains arbres du jardin étaient recouverts de petites ampoules vertes (ça faisait surnaturel). La cloche a sonné en haut du clocher et j'ai eu encore plus de frissons quand la porte d'entrée s'est ouverte sur la sœur de Rob, visage livide, tour des yeux violet et rouge à lèvres noir. Elle avait vraiment l'air d'une sorcière !

«Appelez-moi Morticia! nous a-t-elle déclaré.

— Joli nom!» a tonné sa mère en se glissant entre nous, un long boa de plumes noires enroulé autour des épaules. (Je me suis demandé combien d'autruches noires, poulets, oies et autres canards avaient dû être sacrifiés pour fabriquer ce truc-là? Pourvu qu'il soit faux!) Elle portait un extraordinaire chapeau noir et rouge couvert de plumes (elle ressemblait assez à un corbeau qui aurait eu un très grave accident d'atterrissage).

«Mon amour, tu es merveilleuse! Comme le premier soir où je t'ai rencontrée!» Le père de Rob, lui, portait un caleçon de bain rose fluo et rien d'autre. (J'ai déjà dit que cette famille est ÉTRANGE...?)

La maison était remplie de gens d'âges très différents que, pour la plupart, je ne connaissais pas (et Jenny non plus). On s'est dirigées vers la cuisine et on a trouvé Isambard qui rampait autour de la table. Quelqu'un lui avait attaché une perruque verte et touffue sur le sommet du crâne (là, on aurait vraiment dit un caniche vert d'un mètre de long… et peut-être même le monstrueux caniche des Baskerville !).

La mère de Rob nous a invitées à nous servir à manger.

« Il y a des tranches de pudding noir, de la salade aux haricots noirs, du pain à l'ail pour éloigner les vampires, des monceaux de raisin noir et de gelée rouge ! Servez-vous ! Et s'il vous plaît, ne donnez rien à manger à l'iguane. » (J'ai décidé d'un coup que je n'étais pas SI affamée que ÇA.)

Un groupe de musiciens (les Zombies) jouait dans le jardin. Quelques personnes avaient ôté leurs chaussures et dansaient sur la pelouse. Dont Rob.

« Qui est cette fille ? Il danse avec une fille ! Il a passé son bras autour d'elle ! Oh non, ils viennent par ici... »

« Salut, Alex ! Salut, Jenny ! Sympa que vous ayez pu venir !

— J'ai telllllllement soif ! s'est exclamée la Fille Inconnue. Robbie, je vais me chercher à boire... »

(Robbie ?)

« Qui est-ce ? n'ai-je pu m'empêcher de demander quand elle s'est éloignée.

— Oh... juste une fille. » (Super.)

Soudain, une nana d'une beauté éblouissante avec de longs cheveux blonds a glissé jusqu'à nous (oui ! glissé !) et elle a passé ses bras autour de Rob.

« Salut, Robbie ! Tu danses avec moi ?

— Avec plaisir, ma belle. »

« Qui c'était ? m'a demandé Jenny quand Rob et l'Inconnue Numéro 2 sont partis danser.

— Oh... juste une fille ! » ai-je répondu d'un ton sec. (Je me sentais verdir de jalousie, sans doute pour m'assortir à mes cheveux, à mes ongles, etc.)

Jenny et moi, on a fini par danser ensemble.

(Personne ne nous avait invitées. On n'avait pas d'amis. On était tristes…)

« Pourquoi est-ce qu'on ne demande pas à Rob de danser avec nous ? a proposé Jenny. C'est déjà un peu lourd qu'il n'ait pas invité James. On y va ? »

Juste quand on s'approchait, une autre fille a rejoint Rob et l'a serré dans ses bras.

« Viens danser avec moi, Robbie ! » (Robbie ou Rob ?)

Bref, Jenny et moi, on a dansé le reste de la soirée… toutes seules. On nous a offert à chacun un lampion japonais (vert) et la fête s'est terminée par un feu d'artifice (vert) impressionnant.

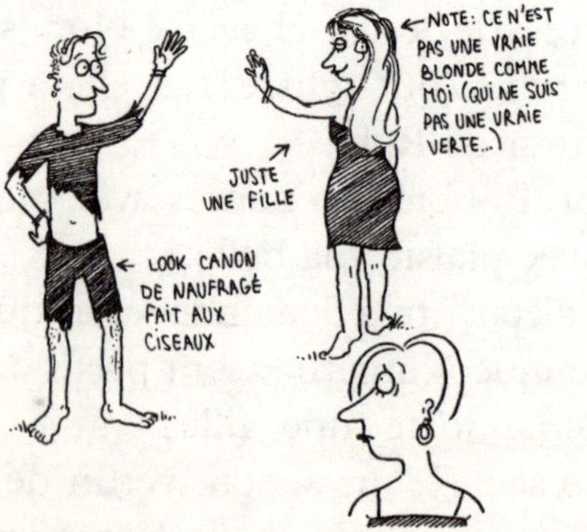

Finalement, on se grillait des marshmallows verts et noirs quand la mère de Jenny est venue nous chercher (c'était LA HONTE mais on n'avait rien pu faire pour l'en empêcher. Jenny est enfant unique et ses parents sont superprotecteurs, pas comme les miens qui auraient probablement envoyé Grosse Chochotte ou Danny, s'ils y avaient pensé). À ceux qui quittaient la soirée, Morticia, enfin, je veux dire Hermi, distribuait un ballon noir et vert et une tranche de gâteau au vampire (glaçage noir, intérieur vert). Rob avait disparu. J'ai interrogé sa sœur.

« Oh, je pense qu'il est quelque part en haut avec Alison...

— Avec qui... ?

— Allez, Alex, m'a dit Jenny en m'attrapant fermement par le bras. Il est temps de rentrer ! »

Mais juste avant qu'on monte dans la voiture, James a surgi de nulle part.

« Ah ! Vous étiez à la fête de Rob ! Jenny, tu ne m'as même pas dit que tu y allais ! Mais je savais bien que je te trouverais là. Moi, je n'étais pas invité...

— On en reparlera une autre fois, l'a interrompu Jenny. Il est trop tard maintenant. »

On a échangé un regard, on avait toutes les *deux* des petits amis vraiment jaloux !

La mère de Jenny s'est exclamée d'une voix aiguë et pleine d'entrain :

« Alors, les filles ? Bonne soirée ?

— Super... » (Je suis toujours plus enjouée et polie avec les parents de mes amies qu'avec les miens !)

Jenny s'est contentée de grogner (et c'était beaucoup plus près de ce que je ressentais moi aussi...).

Samedi 14 octobre

Je suis déprimée. En ce qui me concerne, ce vendredi 13 a été un porte-malheur à la hauteur de sa réputation ! J'ai compris maintenant, je ne suis rien pour Rob, je suis « juste une fille ». Mark ne m'a jamais fait ressentir ça. Avec lui, je me sentais spéciale. J'ai envie de pleurer. (Et c'est qui, cette Alison ?)

J'ai téléphoné à Jenny pour lui demander si je pouvais passer. Elle m'a dit que oui et elle m'a prévenue que Lisa, Rosie et Clara viendraient aussi pour une Réunion de Crise « Spéciale Petits Copains ». Ça me donnait une chance de leur demander conseil, Jenny pourrait aussi en profiter pour parler de James.

Note : est-ce qu'on ne ferait pas mieux de se débrouiller seules ? Trop de conseils, même amicaux, ça finit par embrouiller. Je suis la seule à savoir ce qui se passe dans ma tête, même si c'est pas un secret pour certains! Jenny a changé d'avis sur Rob, maintenant elle pense qu'il n'est pas fiable et que Mark est plus stable – c'est peut-être ça, être ennuyeux? Elle dit même que je n'ai pas été juste avec lui!!! Et qu'il méritait sans doute qu'on le traite mieux que ça!!! Oui, je vais prendre un peu de distance avec les conseils des amies…

Quand j'ai vu Rosita en arrivant chez Jenny, je suis restée muette: elle a coupé ses longs cheveux noirs! Tout de suite, les filles m'ont posé plein de questions sur la fête, sur Rob. Elles étaient remontées contre lui et sa famille, probablement parce qu'elles n'étaient pas invitées. Je leur ai dit qu'elles n'avaient rien raté. Puis je leur ai demandé si, à leur avis, j'avais été injuste avec Mark. (C'était aussi un bon moyen de changer de conversation. Et si je n'ai pas besoin de conseils pour Mark, j'étais quand même curieuse d'entendre ce qu'elles en pensaient.)

«Oui! Très injuste! Pauvre Mark! Tu n'as pas remarqué à quel point il est déprimé? Comment as-tu pu lui faire ça, Alex? Il t'aime vraiment!» (Bon, d'accord. Question suivante…)

« Et à votre avis, qu'est-ce que je dois faire ?

— Perdre du poids, a suggéré Rosita. Je peux te faire entrer dans l'équipe de rugby ! (Merci. Non, merci.)

— Et moi, qu'est-ce que je dois faire pour James ? a demandé Jenny. Il est si jaloux de Rob. Et il n'a aucune raison de l'être ! Il ne s'est rien passé. (Vrai.)

— Toutes les deux, vous devez leur parler ! a décrété Lisa. Si vous êtes amis, vous vous en sortirez. L'amitié, c'est ce qui compte le plus dans une relation. Regardez Zak… Il a été là pour moi quand les choses ne se sont pas bien passées avec Franck. Franck n'était pas un ami, Zak si. Et maintenant, on ne pourrait pas être plus heureux ! Surtout depuis que je lui ai offert des chaussettes anti-odeur !

— Alex, et si tu écrivais un poème pour Mark ? » s'est écriée Clara.

Et là, on s'est écroulées de rire en imaginant la merveille !

Dimanche 15 octobre

J'ai passé la journée à écrire mon poème. Puis je l'ai plié en tout petit et je l'ai caché bien au fond de mon sac de cours pour éviter que mes frères ne le trouvent. Au moins, j'aurai quelque chose à lire si Mme Joyeux m'interroge. Je ne pense pas que ça saute aux yeux qu'il est destiné à Mark…

Lundi 16 octobre

Tard dans l'après-midi

Ai-je déjà dit que ma chère grande sœur a des tendances sadiques ? Eh bien, MAINTENANT, je le dis ! (Au cas où elle lirait ce journal.) C'est déjà assez pénible que mes parents me harcèlent pour ranger ma chambre, ramasser mes vêtements, mes livres et autres affaires qui traînent, pour finir mes devoirs, raccrocher le téléphone… sans que Grosse Chochotte s'y mette *elle aussi*. Elle est toujours en train de s'imposer (avec son surpoids, c'est facile ! Et je ne m'excuserai pas d'avoir écrit ça car, cette fois, elle m'a trop CHERCHÉE). Je ne sais pas comment Danny arrive à la supporter. Fais ça, Danny! Va chercher ça, Danny! N'es-tu pas supposée ranger ta chambre, Alex? Tu n'as pas de devoirs à faire, Alex? Alex, où est mon mascara?» (Comme si je pouvais le savoir!)

Aussi je serai reconnaissante pour l'éternité à Danny qui vient d'annoncer qu'il emmène ce soir Grosse Chochotte à la bibliothèque pour des lectures de poésies (PAS) vraiment passionnantes. Enfin j'allais avoir une soirée au calme à regarder la télévision ou à me relaxer dans le bain sans que Grosse Chochotte tambourine à la porte pour essayer son nouveau masque à la boue malgache, etc. Mais ma bonne humeur a volé en éclats quand Papa a dit: «Vous pourriez emmener Alex avec vous, non? Ça ne peut être qu'une bonne préparation pour le bac!»

(MERCI, Papa.)

Mes frères ont commencé à ricaner bêtement et Tom a minaudé: «Oh… Alex AIME tellement la poésie! Hein, que tu l'aimes, Alex?»

Sébastian a renchéri: «Il était pour QUI, Alex? C'était pour Markounet, non?»

Et Henry a ajouté, même si c'était tout à fait inutile: «Eh oui… on l'a lu!»

LUNDI 16 OCTOBRE

Le visage habituellement pâle de Danny était rouge d'excitation quand on est arrivés à la bibliothèque. Le mien l'était aussi mais c'était encore de rage. De la rage pure en songeant à mes horribles petits frères qui fourrent PARTOUT leur petit nez morveux de boutonneux !!!

Danny nous a appris qu'Andrew Statique, qui allait nous lire des extraits de son dernier recueil, est le plus sensationnel poète de notre temps.

« Et il est tellement charismatique ! s'enthousiasmait Danny.

— Je serais bien restée à la maison me laver les cheveux. (Grosse Chochotte.)

— Moi aussi. » (Moi.)

LE POÈTE LE PLUS SENSATIONNEL DE NOTRE TEMPS...

Dans l'assistance, j'ai aperçu Clara et ses parents. Le poète le plus sensationnel de notre temps était un homme grand et mince dont les cheveux bruns incroyablement fins et longs se dressaient en l'air quand il déclamait (trop d'électricité statique, j'imagine). Les cheveux, c'était bien ce qu'il avait de plus sensationnel et c'était si marrant que j'avais du mal à me concentrer sur ce qu'il disait.

« Magnifique ! Magnifique ! » a crié Danny qui applaudissait comme un possédé lorsque M. Statique a salué son public, juste avant de s'effondrer sur une chaise, épuisé par les puissantes émotions que ses cheveux avaient rythmées toute la soirée. Clara, son père et beaucoup d'autres lui ont demandé de leur dédicacer des exemplaires de son livre.

« On peut rentrer, maintenant ? Je suis fatiguée. (Grosse Chochotte.)

— Je suis morte. Tu peux me porter, s'il te plaît ? » (Moi.)

Mardi 17 octobre

Est-ce que j'arriverai un jour à me remettre de ma folle soirée avec Danny et Daisy ? (Humour.) Hier, Lisa et Rosita, elles, sont allées à la fête foraine avec leurs petits copains. Et aujourd'hui, elles n'ont pas arrêté de délirer sur la soirée merveilleuse qu'ils ont passée et sur les manèges terriiiifiants qu'ils ont essayés et qui les ont obligés à se serrer très fort les uns contre les autres, etc., etc. Mpfff… (Je suis JALOUSE !) J'ai préféré garder le silence sur ma soirée d'enfer à la bibliothèque.

« Ces lectures de poésie à la bibliothèque étaient vraiment bien, n'est-ce pas, Alex ? » m'a demandé Clara d'une voix très forte pour quelqu'un qui, d'habitude, ne dit pas un mot. Mes amies m'ont regardée comme si elles n'arrivaient pas à croire ce qu'elles venaient d'entendre.

« Oh, euh… oui, c'est vrai… Oui.

— Tu es allée écouter de la poésie, Alex ?

— Avec Danny et Daisy. Je n'ai pas pu l'éviter. Mon père m'a obligée.

— Pauvre Alex…

— Oui, je déteste. »

Mercredi 18 octobre

« Alex, pourrais-tu nous lire ton poème ? » (Pendant la dernière demi-heure, on avait étudié la scène du balcon dans *Roméo et Juliette*, alors c'était dur de passer après Shakespeare.) Je me suis éclairci la voix et j'ai essayé de lire mon poème d'un ton qui disait clairement : Pfff… la poésie, c'est pas mon truc !

« Mon poème s'intitule : *Désolée…* »

Désolée…
Désolée de m'être ainsi comportée
Tu m'as fait signe, tu te noyais
Pour toi, je m'inquiétais
Je pense que tu le sais
J'avais peur de le montrer.
Les amis sont importants, ne plus l'oublier
Si j'avais écrit ce poème plus tôt
J'aurais moins de regrets

(D'accord. Les deux dernières lignes ne rimaient pas mais ça venait du cœur.)

« Merci, Alex ! s'est exclamée Mme Joyeux. C'est un poème étonnant ! » (Il devait l'être, il ne l'avait pas rendue malade.) « Je vais le faire publier dans le journal du lycée pour qu'il participe au prix de poésie. » (Oh non ! La grossesse de Mme Joyeux devait lui affecter le jugement !) « Pourrais-tu l'accompagner d'un de tes dessins ? »

Et puis, soudain, ça a encore empiré : Clara était si remuée par mon poème qu'elle a éclaté en sanglots.

Je quittais la salle quand Mark m'a dit en grommelant :

« Je suppose que ce poème n'était pas pour moi…

— Eh bien, si, justement. Il l'était. »

Et je l'ai planté, bouche ouverte, dans le couloir.

Jeudi 19 octobre

Aujourd'hui, Mark et moi, on a été incroyablement polis l'un envers l'autre. Mais il y a eu de très lourds silences quand on ne savait pas quoi faire ou quoi dire. (C'était presque pire que quand on se disputait !)

Ah oui ! Jeudi 19 octobre : Rosita s'est fait couper ce qui lui restait de cheveux...

Mardi 24 octobre

Mark et moi toujours polis. Aujourd'hui, il a été siiiiiiiii poli que j'avais envie de l'étrangler (non, pardon, je ne voulais pas dire ça !).

Mlle Tortiz a aimé ma peinture du « Rejet ». Elle trouve *judicieux*, avec autant d'examens importants à l'horizon, d'oublier un moment les garçons. (En entendant ça, tous ceux de la classe ont semblé déçus, ils vont peut-être économiser leurs bouteilles de Tu-pues.com.) Mlle Tortiz s'est emballée comme d'habitude pour la peinture de Rob, puis elle a regardé le travail de Mark.

« Qu'est-ce que cela représente, Mark ?

— C'est vous ! Vous en train de rejeter mon travail parce qu'il n'est pas assez bon ! »

Quelques élèves ont rigolé puis le silence est revenu.

« Tu n'as pas réussi mes cheveux. Ces couleurs sont boueuses, terreuses... »

(Je DÉTESTE quand elle le rabaisse comme ça !)

« Moi, je trouve ça super ! me suis-je entendue dire. C'est intelligent. Et drôle aussi !

— Très bien, Alex, ça suffit. Je voulais seulement dire que Mark a besoin de travailler la justesse de ses couleurs... Ça te va comme ça ? »

(YES ! Je pense que j'ai enfin remis Mlle Tortiz à sa place ! Et par la même occasion, explosé mes chances de gagner le prix d'arts plastiques – et alors ?)

Plus tard...

« C'était sympa de me défendre, Alex.
— C'est rien, Mark…
— Si, si, je le pense. Merci.
— C'est bon !
— Je voulais vraiment te remercier…
— C'est fait !
— Je pense vraiment ce que je dis.
— Je sais.
— Merci. »
(AAAAAAARGH !!!)

Vendredi 27 octobre

Les vacances de la Toussaint ont commencé ! Là ! Au moment pile où on sortait du lycée ! Et c'est aussi bien comme ça, vu que moi et Mark, on est toujours aussi polis l'un envers l'autre et que je ne me sentais pas capable de le SUPPORTER plus longtemps… Je vais passer mes vacances dans ma chambre, à torturer mon ours en peluche (c'est pas qu'il le mérite, mais je dois bien me défouler sur quelqu'un...).

Samedi 28 octobre

Mark est passé me demander (très poliment) si je voulais faire une balade avec lui et Dogbert. Je me suis entendue répondre : « Oui. Merci. Ça serait super. » (Et tant pis pour les autres projets que j'aurais pu avoir...)

Vendredi 3 novembre

Les vacances de la Toussaint sont presque terminées et on dirait que j'ai passé la plus grande partie de mon temps avec Mark à promener (très poliment) Dogbert.

Samedi 4 novembre

Tone joue toujours dans *Les Vents de Lady Windermere*, c'est même mentionné dans *YES! magazine* qui dit que la pièce fait un bide ! J'ai rencontré Rob qui baladait Isambard. Il ne m'a parlé que du spectacle et de son père qui est si génial dedans. « On est tous allés à la première... », « C'était méga-excitant ! », « Quand le rideau s'est levé... », « Tone était si bon, waouh ! Il m'a bluffé... », « ... et quand il a pété... (là, j'avais vraiment envie de lui dire de *baisser le Tone...*) tu pouvais l'entendre de l'arrière des balcons ! On avait notre propre loge, bien sûr... Un succès dingue ! Jill a adoré...

— Qui est Jill ?

— Oh, juste une fille. (Évidemment. Suis-je bête...)

— Tu promènes Isambard avec moi ? »

— D'accord. »

On a tourné au coin et... (Ouiiii ! Comment l'avez-vous deviné ?) on a rencontré Mark qui venait en sens inverse avec Dogbert. Dogbert s'est figé et il a grogné d'une façon pas dogbertienne du tout. La gueule d'Isambard s'est ouverte en grand. S'il avait été un dragon, c'est là qu'il se serait mis à cracher du feu partout ! Heureusement (surtout pour Dogbert), c'est seulement un iguane et tout ce qu'il a pu faire, c'est un stupide sifflement. Mais c'en était déjà trop pour Dogbert pas réputé pour sa bravoure. Il a fait demi-tour et il est parti à toute allure en aboyant et en tirant Mark derrière lui.

Rob était écroulé de rire.

« Mark est ridicule ! s'est-il exclamé. (Pas

aussi gentil que je le pensais ?) Je me demande toujours pourquoi il a pris arts plastiques. C'est sans espoir pour lui ! C'est comme ce chien minable, ringard, tellement ordinaire... il est un peu comme Mark, non ? »

C'était le mot de trop. « Mark n'est PAS ringard ! C'est mon ami ! Et pourquoi est-ce qu'il ne ferait pas arts plastiques si ça lui chante ? Tu te crois supérieur, toi ? Le petit toutou de Mlle Tortiz ! Et Dogbert est bien plus attachant que ton stupide iguane ne le sera jamais !

— Mais, Alex ! Je voulais seulement...

— Oublie-moi, Rob ! Et va donc retrouver... juste une fille ! Y en a partout ! »

Et je suis partie ! Je me sentais magnifique (et un peu secouée). Quand j'ai rattrapé Mark qui venait lui-même de rattraper Dogbert, on s'est effondrés tous les trois sur un talus d'herbe, hors d'haleine.

« Je suis désolée, Mark ! Rob est débile, je le déteste. Et il a insulté Dogbert !

— Pourquoi étais-tu avec lui, alors ?

— Je ne voulais pas... Je veux être avec toi... »

C'est là que nos yeux se sont rencontrés, que la musique s'est emballée, etc., etc., ETC. (Au moins, on venait de tirer un trait sur le poliment poli...)

Dimanche 5 novembre

C'est la nuit que Dogbert aime le moins de toute l'année, la nuit des Feux de Joie ! Il reste à l'abri, enfermé dans la maison, les pattes sur les oreilles.

Comme elle est complètement ringarde et tellement ordinaire (c'est à voir), ma famille a décidé de tirer un feu d'artifice le même soir que tout le monde ! J'ai invité Mark, Jenny et James à se joindre à nous. C'est comme avant ! En mieux !

Même si je m'en plains, ma famille a quelque chose de rassurant. Je sais qu'ils sont là pour moi et que je n'ai pas besoin de faire semblant d'être quelqu'un d'autre que moi-même. J'en suis arrivée à la conclusion que Rob et sa famille jouent en permanence un rôle (sa mère a l'air de sortir tout droit d'un film muet !). Ils se trouvent sans doute originaux et intelligents, mais ça doit être pénible de vivre avec eux tout le temps. Rob en mourrait s'il savait que maintenant je le trouve RASOIR ! J'ai été séduite par son numéro dès le début mais, maintenant, j'y vois clair. Je ne crois pas qu'il ait beaucoup de vrais amis – garçons ou filles. J'en suis même désolée pour lui. Et j'apprécie d'autant plus ma famille et ceux qui m'entourent.

Jeudi 9 novembre

Chagrins et petites misères d'une vie de famille « tellement ordinaire » ! J'ai peut-être déjà parlé de la voix bébête que prend Maman quand un garçon vient me voir (ce qui arrive tout le temps, vu que je suis irrésistible, ha ! ha !). Eh bien, encore pire que la voix de Maman, il y a l'accueil de Grosse Chochotte !

« Qu'est-ce que TU lui veux, à Alex ? » C'est son ton (PAS très) amical habituel. Comme si elle voulait effrayer tout garçon qui oserait s'intéresser à moi. La dernière fois qu'elle a ouvert à Mark (elle arrive souvent la première à la porte même si je fais de mon mieux pour la bousculer en chemin), elle arborait un masque de boue malgache et un bonnet de douche à fleurs ! J'étais gênée pour Mark, confronté à la Sœur de l'Horreur ! J'ai essayé d'excuser et son look et son accueil en expliquant qu'elle était un peu folle, mais je ne voulais pas trop insister, je n'avais pas envie qu'il en conclue que toute la famille est dérangée ! (Comparés à Rob et à la sienne, on est plutôt sains d'esprit…)

Je suis consciente que Grosse Chochotte joue la Grande Sœur Protectrice (surtout depuis l'Incident Kevin, dont j'ai parlé dans mon premier journal*), mais je n'en veux pas, moi, de sa protection ! Tout ce que je lui demande, c'est d'être moins mesquine et de me laisser lui emprunter son maquillage, son nouveau mascara Cils Sensuels, par exemple.

J'admire Danny qui arrive à voir sa beauté intérieure sous ses masques de boue malgache. Elle lui mène pourtant la vie dure, elle dit des trucs comme « Quoi ENCORE ? » au pauvre Danny. L'autre jour, il lui a même répondu : « Oui, chérie. » Rampant. Il était peut-être ironique, mais je ne crois pas. Ce n'est pas dans sa nature.

* Voir *Salut, moi c'est Alex !*

Les relations avec les autres ne sont pas faciles. Maman répète sans cesse : « Si tu as un problème, tu me le diras, n'est-ce pas, Alex ? » Et moi, je réponds toujours : « Oui. Mais là, je vais bien. Vraiment bien. » Je devrais sans doute choisir un de mes problèmes dans le tas et en parler avec elle. Elle se sent peut-être tenue à l'écart parce que je ne discute pas de chaque détail de ma vie avec elle. Ce serait chouette d'avoir une vraie relation mère-fille comme Jenny et sa mère. Parfois, je l'envie. Jenny est fille unique, alors elle a toute l'attention de sa mère. La mienne est tiraillée dans six directions différentes, et même sept si on compte Papa. Je m'imagine les bras autour de Maman, ma tête sur son épaule, chuchotant : « Tu es ma meilleure amie. T'es géniale. »

J'avais l'œil humide quand je suis partie à sa recherche dans la maison.

« Maman, je peux te parler ?

— Pas maintenant, Alex. Je dois vider la machine à laver. Dis, tu peux donner à manger au chat ? »

Bon. On dira que j'ai essayé. Mais j'espère qu'on dira aussi que j'ai une mère qui fait passer le linge et l'appétit du chat avant sa propre fille…

Vendredi 10 novembre

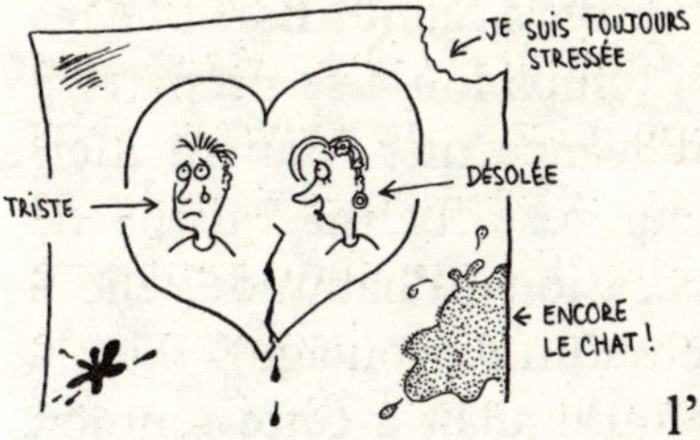

MON DESSIN POUR LE JOURNAL DU LYCÉE

Mon poème est publié dans le journal du lycée ! Pour l'illustrer, j'ai dessiné le visage de Mark, l'air triste, et le mien, l'air tout à fait désolé. J'ai mis nos deux visages dans un cœur fendu par une déchirure d'où gouttait du sang, ou des larmes ? Je ne sais pas très bien.

« C'est vraiment charmant, Alex ! » m'a dit Rob qui lisait et relisait le journal du lycée sous mon nez pour me mettre mal à l'aise. (Est-ce qu'il se moquait de moi ou pas ? Il est spécial… Il était peut-être gêné de m'avoir mise en colère ? Ça ne m'intéressait même pas d'y réfléchir.)

M. Chubb m'a demandé de lui dédicacer son exemplaire ! Il est fou ! (Et il n'a même pas l'excuse d'être enceinte, lui, il est juste un peu trop gros.)

J'étais contente de rentrer à la maison.

Mercredi 15 novembre

Réunion parents-profs à Sainte-Barbe ! Mes parents ont mis un temps fou à se préparer à l'étage. Je savais d'avance que Maman mettrait l'affreux tailleur rose fuchsia qu'elle ne porte qu'à cette occasion (d'habitude, elle a bon goût pour quelqu'un de son âge).

Papa a annoncé qu'il allait à cette réunion car il avait « un mot » à dire à Mlle Tortiz. (Il ne l'avait pas encore rencontrée mais il était encore énervé au sujet du *Baiser* et il n'appréciait pas non plus que mon talent ne soit pas assez encouragé. J'aurais tellement aimé ne pas être obligée de les accompagner...)

Quand Papa est descendu, il portait (misère !) sa vieille cravate d'université (non ! Oh, mon dieu, NON !) et il était engoncé dans un vieux blazer qu'il avait dû retrouver au fond de ses placards, sous les toiles d'araignées...

Je les ai suivis à distance (les gens allaient peut-être croire qu'on n'avait aucun lien de parenté ?) dans le hall du lycée.

« Alors, où est Mlle Tortiz ? m'a demandé Papa d'un ton bêtement autoritaire.

— Puis-je vous aider ? »

Mlle Tortiz a gratifié Papa d'un sourire éblouissant et lui a serré la main avec chaleur.

« Vous devez être le père d'Alex. Je vois un air de famille... »

(N'IMPORTE QUOI !)

Papa semblait avoir perdu la parole. Il restait debout, tenant toujours la main de la prof comme s'il était soudain envoûté. Maman a toussé si fort qu'il est revenu dans la seconde à la réalité.

« Voulez-vous vous asseoir ? » a repris Mlle Tortiz. (Papa en avait besoin.) J'ai décidé de les laisser entre eux et je suis partie regarder les peintures qui décoraient les murs du hall. La plupart semblaient être de la main de Rob, mais il y avait aussi quelques-unes des miennes. Bizarrement, le *Rejet* de Mark était là aussi.

Soudain, j'ai aperçu la mère de Rob. Le turban encore plus volumineux que d'habitude, elle parlait à tous les profs d'une voix tonnante de l'importance des arts plastiques (et peu importe s'ils étaient profs d'histoire, de chimie ou de mathématiques). Devant elle, le proviseur s'inclinait (je pense qu'il espérait bien une sorte de donation de la propriétaire de la fabuleuse collection Potsworthy).

J'ai retrouvé Mark et on était d'accord pour dire que si nos parents, c'était parfois la honte, ça n'avait rien à voir avec la mère de Rob (ou même son père qui n'est pas à la réunion, trop occupé sur scène...). Je me suis souvenue de mes rencontres avec la famille de Rob et je me suis sentie enchantée d'avoir des parents *ordinaires*. (Juste à ce moment-là, Papa est passé devant nous avec sa vieille cravate et son blazer... et soudain, je n'étais plus sûre de rien. J'étais ravie de rentrer à la maison !)

Jeudi 16 novembre

C'est le bonheur, de retourner au lycée ! Papa n'a pas arrêté de parler de Mlle Tortiz depuis qu'on est revenus hier soir de la réunion parents-profs. Je ne sais pas comment Maman supporte ça. Il m'a dit au moins quarante fois que j'avais de la chance d'avoir un aussi bon professeur (pour « aussi bon », traduisez « aussi jolie », « aussi adorable », etc.).

Papa m'a appris aussi que le prénom de Mlle Tortiz est Zelda (est-ce que j'avais envie de savoir un truc pareil ? Zelda Tortiz...).

Lundi 20 novembre

L'excitation monte. La remise des prix est prévue pour vendredi. Qui sera la célébrité mystère ? Tout le monde travaille dur dans l'espoir de gagner et de serrer la main de la star !

« Vous êtes dingues, nous a dit Rob. À tous les coups, ça va être un vieux ringard pas célèbre pour un clou ! »

Beaucoup étaient d'accord avec lui (et j'ai bien peur qu'ils n'aient raison...).

Vendredi 24 novembre

Le hall du lycée était bourré de parents, de profs et d'élèves. On était tous rassemblés pour la Cérémonie de Remise des Prix des Premières. On sentait l'excitation et l'impatience. L'identité de la célébrité mystérieuse allait enfin être révélée !

Le silence s'est fait quand M. Hargreaves, le proviseur, s'est levé pour prendre la parole.

« Bienvenue à la Cérémonie de Remise des Prix des Premières. Je voudrais souhaiter particulièrement la bienvenue à notre présentateur… à celui qui a si gentiment accepté notre invitation… Mesdames, messieurs, et vous, les élèves de Sainte-Barbe, veuillez, s'il vous plaît, accueillir de vos applaudissements… (QUI ? QUI ça peut bien être ?) Arnold le Jardinier ! Le présentateur vedette de l'émission de télévision *Un jardin pour tous* ! Mesdames et messieurs, ARNOLD LE JARDINIER !!! »

ARNOLD LE JARDINIER

Il y a eu des applaudissements polis mais pas énormes. Seule la mère de Clara a poussé un cri strident (son mari a dû la retenir, elle est raide dingue d'Arnold le Jardinier, la pauvre). Tous les élèves se sont ratatinés sur leurs sièges, à espérer ne rien gagner du tout, et à regretter amèrement d'avoir travaillé si dur.

Arnold le Jardinier portait un de ses pulls

colorés tricotés main pour lesquels il est devenu célèbre. Son épaisse chevelure noire était bien peignée, bien séparée de chaque côté de la tête par une belle raie bien nette… un CAUCHEMAR !

La première pauvre malheureuse à être récompensée, c'était la très sage Angela Throstlet, avec un prix général pour des efforts dans toutes les matières. Elle est devenue écarlate, à deux doigts de pleurer quand un photographe du *Quotidien du soir*, le journal local, l'a fait poser en train de serrer la main d'Arnold le Jardinier, pour immortaliser cet instant. (Les parents d'Angela achèteront plus tard la photo au *Quotidien du soir*, ils la feront agrandir et l'installeront sur leur cheminée. Et la pauvre Angela devra suivre une thérapie de cinq longues années pour essayer de s'en remettre…)

J'étais consternée quand on a annoncé que j'avais gagné le prix Joyeux de poésie. Mme Joyeux se sentait manifestement mieux car elle se tenait bien droite à côté d'Arnold. Je me suis traînée jusqu'à l'estrade, concentrée un maximum dans l'espoir de devenir invisible. Serrer la main d'Arnold le Jardinier, c'était comme secouer un hareng flasque et humide (impossible que cet homme ait manié une seule bêche de sa vie !).

Rosita a gagné le prix des sports. Quand elle a serré la main d'Arnold, il a grimacé de douleur. Rob a remporté le prix d'arts plastiques. Quand il est monté le chercher, il a salué Arnold le Jardinier comme un vieux copain : « Bonjour, Arnie ! Sympa de vous revoir ! » Arnold a encore grimacé (il devait commencer à regretter d'être venu à Sainte-Barbe…).

D'autres prix ont été attribués (la plupart à Rob, le lycée espérait une donation de la fondation Potsworthy…), puis Arnold a parlé d'une voix monocorde pendant plus d'une demi-heure de jardinage, de sa carrière à la télévision… jusqu'à ce que la plupart d'entre nous commencent à s'endormir (sauf la mère de Clara bien sûr… elle buvait ses paroles !).

Plus tard…

Maman a insisté pour installer mon petit trophée sur la cheminée (prix Joyeux de poésie).

« Ils ont gravé ton nom dessus, chérie !

— Oui.

— Je persiste à penser que tu aurais mérité le prix d'arts plastiques, a grogné Papa. À la

place de cet étrange garçon aux cheveux verts ! Je crois que je vais écrire à ton lycée…
— Oui, Papa. »

Vendredi 1er décembre

Noël approche ! Si elles ont un peu de bon sens, les dindes feraient bien de se mettre au régime ! Maman s'agite. Elle n'arrête pas d'essayer de cacher des paquets que mes frères et Clémentine n'arrêtent pas de trouver. Mes parents me demandent presque chaque jour ce que j'aimerais pour Noël et quand je le leur dis, j'ai droit à une ou plusieurs des réponses suivantes :

1. Non.
2. NON !!!
3. C'est trop cher.
4. Ce n'est pas de ton âge.
5. Pense à quelque chose de mignon et… euh… d'utile. Tante Pat aussi veut savoir ce que tu aimerais.
6. Tu ne peux pas demander ÇA à ta tante ! Quand même, Alex !
7. D'accord, je peux te donner de l'argent. Mais pas trop. Il n'y a pas que toi !

8. Oui, je comprends bien que tu aimerais déballer un cadeau.
9. Et que penses-tu d'une surprise ?
10. Oui ! Tu auras une chaussette de Noël ! Comme d'habitude...

UNE CHAUSSETTE DE NOËL, COMME D'HABITUDE !

Vendredi 8 décembre

Tôt dans la soirée...

J'ai chanté ! Grosse Chochotte, Danny et leurs amis et collègues de la bibliothèque m'ont persuadée de me joindre à eux pour une quête de charité dans le quartier. La voix de Danny était incroyablement forte (pour un bibliothécaire), elle couvrait toutes les autres, ce qui n'aurait pas été gênant s'il chantait juste. Mais on aurait dit un chat en mal d'amour et je m'attendais sans arrêt à ce qu'une fenêtre s'ouvre au-dessus de nous et qu'on nous balance une bassine d'eau glacée. J'étais chargée de frapper aux portes et de tendre la cagnotte pour les dons, et je suis sûre que la plupart des gens donnaient de l'argent pour qu'on parte. Ils refermaient tellement vite leur porte après avoir glissé quelques pièces !

On est passés chez Clara (ses parents doivent être sourds car ils nous ont applaudis et même demandé de rechanter *Écoutez les anges*...). Le père de Clara, debout sur le perron, battait la mesure ! (Ce qu'il ne faut pas faire par charité !)

Samedi 9 décembre

Chez Lisa, on a discuté de ce qu'on voudrait pour Noël.

« Je voudrais une cagoule...

— Une quoi ?

— Une cagoule ! a répété Clara. C'est une sorte de capuche. Ça couvre toute ta tête, c'est vraiment chaud.

— Essaie un sac en papier, a suggéré Lisa. C'est moins cher. »

Clara l'a ignorée et a continué : « Euh… et je voudrais l'œuvre intégrale en six volumes d'Andrew Statique ! » (Je sais que Noël doit être un moment de paix, de joie et d'espoir, mais je crois que le cas Clara est sans espoir.)

CLARA EN CAGOULE…
(UN CAS SANS ESPOIR…)

« Moi, je demande de l'argent pour faire les soldes de janvier et m'acheter des tonnes de trucs ! a lancé Lisa.

— Moi aussi !

— Quoi ? De l'argent ?

— Oui. Et des trucs !

— C'est pour ça, Noël, non ? Pour avoir des trucs ! Les magasins sont remplis de trucs, les gens emballent les trucs et se les offrent les uns aux autres…

— Tu auras comme d'habitude ta chaussette de Noël ?

— Euh…

— Moi aussi. Bon, on lit nos horoscopes ? »

Mlle Mystique m'a prédit que j'allais rencontrer un étranger, petit, gros avec une barbe blanche et qui porte un habit rouge. C'est sûrement l'idée que Mlle Mystique se fait d'une BLAGUE hilarante. Très drôle.

Plus tard, on a décidé d'aller faire nos courses de Noël. Dans un grand élan de générosité, j'ai choisi un jeu d'ordinateur pour toute ma famille (j'en rêvais depuis un moment). Il y avait beaucoup de décorations et une foule d'acheteurs, les musiques de Noël résonnaient partout. Le gâchis de papier m'a un peu énervée à cause de tous ces emballages, et des ravages que ça fait sur les ressources naturelles de la planète.

Je suis contente d'être de retour dans ma chambre, loin de la foule. Je me détends, j'écoute le tube de Ronan O'Hoolabal, une belle chanson intitulée *Mon amour durera toujours...*

Lundi 11 décembre

C'est la saison de la tolérance pour tous les hommes, même mes petits frères. Malheureusement (pour eux), la mienne est épuisée. Juste quand je partais pour le lycée, Tom m'a offert un bonbon. Agréablement surprise par cet accès inhabituel de générosité, j'ai accepté et je l'ai mis dans ma bouche. Sur le chemin, j'ai commencé à me méfier en entendant glousser dans mon dos. J'aurais dû m'en douter ! Le bonbon était piégé, je me suis retrouvée la langue et les dents teintes en noir ! Je n'avais pas le temps de retourner à la maison et pas de brosse à dents sur moi ! Tout ce que j'ai pu faire, c'est regarder (bouche fermée) mes frères s'enfuir, morts de rire.

Pour aggraver encore les choses, Mark voulait me parler dès mon arrivée au lycée. Il souhaitait savoir si j'avais envie de l'accompagner au cinéma. J'ai fait « Mmmmm » sans bouger les lèvres, il a vite perdu patience.

« Oh là, d'accord ! Si ça t'ennuie de me parler, oublie ça et à plus tard ! »

Et il est parti, fâché. Je me suis précipitée vers le lavabo le plus proche et me suis rincé la bouche une centaine de fois. Vite, je me suis débrouillée pour rejoindre Mark.

« Mark ! Mark ! J'avais perdu ma voix, c'est tout ! Je l'ai retrouvée ! Et j'aimerais bien aller voir un film avec toi !

— Oh... Tu as mangé de la réglisse ? »

J'ai décidé de coller le soir même du poil à gratter dans les lits de mes frères. (Et je suis passée à la boutique où ils achètent leurs farces idiotes.)

Mardi 12 décembre

Papa est de mauvaise humeur depuis que le sapin de Noël lui est tombé dessus pendant qu'il lisait le journal dans son fauteuil.

D'une certaine manière, c'est rassurant de le voir toujours comme ça, dans le même fauteuil, portant les mêmes vieux chaussons, le même gilet. Je ne pourrais pas supporter d'avoir un père comme celui de Rob. Je stresserais si mon père devait apparaître devant mes amis en caleçon rose, ou s'il vivait dans une roulotte, ou s'il ne parlait presque jamais à ma mère...

Cette année, notre arbre de Noël est si grand que Papa a installé un support spécial.

Ça semblait une bonne idée jusqu'à ce que le chat décide de grimper dessus, qu'il atteigne le sommet (je pense qu'il chassait les petites lampes de la guirlande lumineuse). L'un de mes frères a hurlé « attention, garez-vous ! »... et Papa a disparu sous un énorme tas de branchages, de guirlandes, de boules de toutes les couleurs, de petites lampes, sans oublier le chat paniqué. Mon père a émergé, criblé d'une multitude d'aiguilles de sapin, comme s'il sortait d'une séance d'acupuncture très spéciale…

LE CHAT CHASSAIT LA GUIRLANDE...

« Ce n'est pas grave, mon chéri, lui a dit doucement Maman. Tu vois, la guirlande fonctionne toujours… »

C'est à ce moment-là que toutes les lampes de l'arbre se sont éteintes d'un coup, en même temps que toutes celles de la maison. C'était le noir total, comme une éclipse.

« Oooh… mon chériii... »

Oui ! Noël, c'est Noël ! Tra la la la la…

Maman a allumé quelques bougies et c'était très romantique. Beaucoup plus en tout cas que le langage employé par Papa quand il a trébuché en cherchant à tâtons le disjoncteur. (Des aiguilles du sapin se seraient glissées dans son caleçon… L'esprit de Noël semblait l'avoir quitté, il n'avait plus aucune pensée charitable pour le chat, le sapin, etc.)

ACUPONCTURE NÉCESSITANT BEAUCOUP, BEAUCOUP DE PETITES AIGUILLES VERTES…

Vendredi 22 décembre

(J'ai appuyé sur le bouton « Avance rapide » de mon journal… Je n'en peux plus d'attendre Noël ! Je suis comme les enfants, j'ai toujours une chaussette ! C'est LA HONTE ! C'est la honte, mais c'est sympa. À Noël, la seule chose que je n'apprécie pas, c'est le massacre des dindes. Je jure que je n'en mangerai pas et ce n'est pas une blague ! (Même si j'adore la farce.)

M. CHUBB DÉGUISÉ EN PÈRE NOËL

Ce soir, boum de Noël à Sainte-Barbe. M. Chubb était déguisé en Père Noël et tout joyeux.

« Hello ! Que veux-tu pour Noël, Alex ?

— Euh… La paix dans le monde, monsieur Chubb !

— Oui… D'accord… Oui… passe une bonne soirée ! »

Je me suis échappée avant qu'il ne m'invite à danser, il en a la désagréable habitude et il n'y a RIEN de moins cool au monde que de danser avec M. Chubb (sauf peut-être pour Mme Chubb).

Par chance, Mark m'a invitée (et ça… C'EST cool !).

J'ai aperçu Rob entouré d'un tas de filles qui essayaient d'attirer son attention. J'étais contente de ne pas en faire partie ! Rob me regardait sans arrêt (probablement parce que je ne lui cours plus après).

Quand Mark est allé chercher des boissons

(du punch de Noël non alcoolisé, préparé par M. Chubb et Mme Joyeux), Rob est venu m'inviter à danser. J'ai refusé. (NON ! J'ai réussi à dire NON !!!) Depuis, je me sens SUPER COOL !!! D'une telle COOL-attitude que Jenny en était sidérée !

Je suis heureuse d'être de nouveau avec Mark, on a dansé ensemble toute la nuit (un poil exagéré : à Sainte-Barbe, on nous jette dehors à 22 h 30). Mais juste en sortant du lycée, je n'ai pas pu m'empêcher de remarquer un garçon archicraquant… et… et il m'a regardée… oh, oh !

Mais pourquoi la vie est siiiiiiiiiiiiii COMPLIQUÉE ???

LA VIE EST SIIIIIIIIIII COMPLIQUÉE

Cette ouvrage a été composé par
PCA - 44400 REZE

Impression réalisée sur Presse Offset par

BRODARD & TAUPIN

GROUPE CPI

La Flèche (Sarthe), le 19-01-2005
N° d'impression : 26663

Dépôt légal : février 2005

Imprimé en France

POCKET jeunesse 12, avenue d'Italie • 75627 PARIS Cedex 13

Tél. : 01.44.16.05.00